国家创新指数报告 2016—2017

中国科学技术发展战略研究院　著

科学技术文献出版社
SCIENTIFIC AND TECHNICAL DOCUMENTATION PRESS
·北京·

图书在版编目（CIP）数据

国家创新指数报告. 2016—2017 / 中国科学技术发展战略研究院著. —北京：科学技术文献出版社，2017. 7
ISBN 978-7-5189-3096-8

Ⅰ. ①国… Ⅱ. ①中… Ⅲ. ①国家创新系统—研究报告—中国—2016—2017 Ⅳ. ① F204 ② G322.0

中国版本图书馆 CIP 数据核字（2017）第 161046 号

国家创新指数报告2016—2017

策划编辑：李 蕊　　责任编辑：张 红　　责任校对：张吲哚　　责任出版：张志平

出 版 者　科学技术文献出版社
地　　址　北京市复兴路15号　邮编 100038
编 务 部　（010）58882938，58882087（传真）
发 行 部　（010）58882868，58882874（传真）
邮 购 部　（010）58882873
官方网址　www.stdp.com.cn
发 行 者　科学技术文献出版社发行　全国各地新华书店经销
印 刷 者　北京时尚印佳彩色印刷有限公司
版　　次　2017 年 7 月第 1 版　2017 年 7 月第 1 次印刷
开　　本　889 × 1194　1/16
字　　数　107千
印　　张　7
书　　号　ISBN 978-7-5189-3096-8
定　　价　86.00元

国家创新指数报告2016—2017

前言

提高自主创新能力、建设创新型国家，是《国家中长期科学和技术发展规划纲要（2006—2020年）》提出的战略目标。为了监测和评价创新型国家建设进程，中国科学技术发展战略研究院从2006年起开展了国家创新指数的研究工作。在科技部领导，有关司局、事业单位和各界专家学者的支持和帮助下，《国家创新指数报告》自2011年以来已经发布了6期。《国家创新指数报告2016—2017》是该系列报告的第7期。

根据《建立国家创新调查制度工作方案》和《国家创新调查制度实施办法》，《国家创新指数报告》是国家创新调查制度系列报告之一，是国家层面创新能力评价报告。《国家创新指数报告》借鉴了国内外关于国家竞争力和创新评价等方面的理论与方法，从创新资源、知识创造、企业创新、创新绩效和创新环境5个方面构建了国家创新指数的指标体系。本报告继承了上期的指标体系结构，即国家创新指数由5个一级指标和30个二级指标组成。20个定量指标突出创新规模、质量、效率和国际竞争能力，同时兼顾大国小国的平衡；10个定性调查指标反映创新环境。

本报告继续选用了40个科技创新活动活跃的国家（其R&D经费投入之和占全球总量95%以上）作为研究对象；继续采用国际上通用的标杆分析法测算国家创新指数；所用数据均来自各国政府或国际组织的数据库和出版物，具有国际可比性和权威性。报告以最新统计调查数据为基础（正文中如无特别说明，均为2015年数据），测算了

40个国家的创新指数，并与上一本报告的结果进行了比较。

当今世界，国家的繁荣富强和持续发展主要取决于国家创新能力的培育和积累，而不是人口数量的多少和自然资源的贫富。面对未来科技发展和国际政治经济形势演变带来的机遇与挑战，世界各国都在增加科技创新资源投入，力图增强自己的创新能力。在全球竞争背景下，中国国家创新指数国际排名上升至第17位，指数得分继续增长，与先进国家的差距正在缩小。

2016年5月，《国家创新驱动发展战略纲要》正式发布，建设世界科技强国的号角已经吹响。创新驱动发展战略的深入实施，为国家综合创新能力评价带来新的机遇与挑战，需要不断探索和深入研究。我们衷心希望通过国家创新指数年度系列报告，为社会提供一个认识和评价中国创新发展状况的窗口；汲取各个方面专家学者的宝贵意见，不断完善国家创新指数，共同见证中国创新型国家建设这一伟大历史进程。

《国家创新指数报告2016—2017》
编辑委员会

第一部分

从数据看中国

一、从主要指标看中国的进步

《国家中长期科学和技术发展规划纲要（2006—2020年）》（以下简称《规划纲要》）颁布实施以来，中国科技创新能力显著增强。创新资源投入不断增加。R&D经费总额已居世界第2位；R&D人员总量长期居世界第1位。知识创造能力稳步提升。国际科技论文数量居世界第2位；国内发明专利申请量保持世界第1位；国内发明专利授权量已超越日本，居世界第1位。科技对经济发展贡献日益显著。科技进步贡献率稳步提升，已达到55.3%；R&D经费投入强度达到2.06%，与创新型国家的差距进一步缩小；知识密集型产业保持良好发展态势，产业结构持续优化。

随着创新驱动发展战略的深入实施，中国科技创新能力显著增强。创新资源投入、科技活动产出、科技进步贡献、知识密集型产业发展等方面保持良好态势，科技创新对经济社会发展的支撑和引领作用不断提升。中国创新型国家建设迈上新台阶。

（一）创新资源投入持续增加

丰富的创新资源是创新活动顺利开展的重要保障。研发经费和研发人员作为创新资源的核心要素，其储备情况直接关系到一国创新活动的活跃程度。近年来，中国在R&D经费和R&D人员方面保持较高投入水平，取得显著成效。

1. R&D经费总量继续居世界第2位

全球（指本研究关注的40个国家，下同）R&D经费总规模已达到1.45万亿美元，比上一年度下降2.0%[①]。全球R&D经费主要分布在3个地区，北美洲、亚洲和欧洲[②]，呈三足鼎立之势（图1–1）。其中，北美洲R&D经费占全球的份额为37.0%，较2000年下降7.0个百分点；亚洲R&D经费占全球的份额为32.6%，较2000年提升5.3个百分点；欧洲R&D经费占全球的份额为25.6%，较2000年小幅下降0.7个百分点。

R&D经费世界排名前3位的国家依次是美国、中国和日本。中国R&D经费为2275.4亿美元，继续居世界第2位，占全球份额为15.6%，与美国的差距进一步缩小（图1–2）。美国R&D经费继续保持绝对的领先地位，占全球总量34.6%，是中国的2.2倍。日本R&D经费为1440.5亿美元，占全球总量9.9%，比上年减少208.8亿美元。

随着新兴经济体及发展中国家的快速崛起，全球R&D经费高度聚集于发达国家的情况有所转变，集中度明显下降。G7国家R&D经费总和占全球R&D经费总量的比重

① 本部分增速均按不变价计算。

② 亚洲国家：中国、日本、韩国、新加坡、印度、以色列、土耳其；欧洲国家：奥地利、比利时、捷克、丹麦、芬兰、法国、德国、希腊、匈牙利、冰岛、爱尔兰、荷兰、挪威、波兰、葡萄牙、罗马尼亚、意大利、卢森堡、俄罗斯、斯洛伐克、斯洛文尼亚、西班牙、瑞典、瑞士、英国；北美洲国家：美国、加拿大、墨西哥；南美洲国家：阿根廷、巴西；大洋洲国家：澳大利亚、新西兰；非洲国家：南非。

为61.8%，与2000年相比下降21.2个百分点。相比而言，金砖国家R&D经费保持增长态势，占全球份额从2000年的3.8%提高到2015年的20.0%。

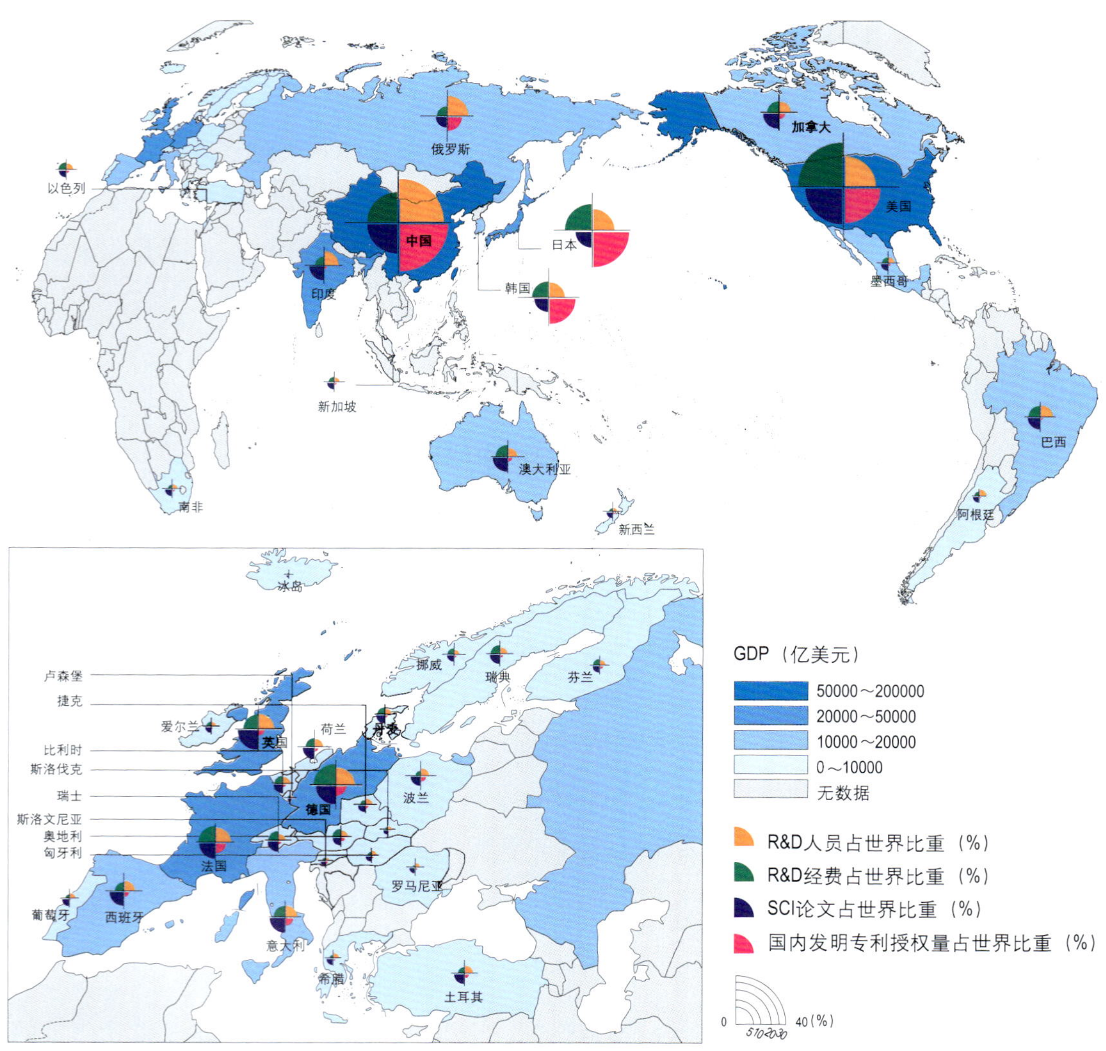

图1-1　GDP、R&D人员、R&D经费、SCI论文与国内发明专利授权量世界分布

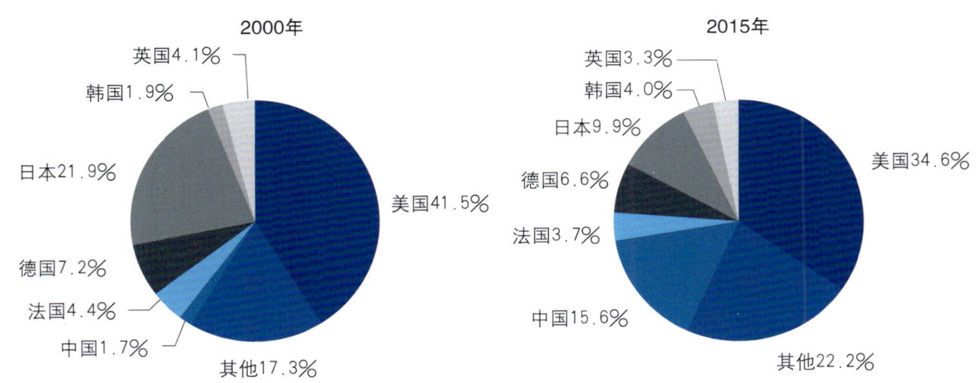

图1-2　部分国家R&D经费占世界份额

2. R&D经费增速领跑全球

进入21世纪以来，各国R&D经费总体呈现增长态势。按不变价计算，2000—2015年中国R&D经费年均增速为15.9%，居世界首位，大幅领先其他国家。以韩国、印度为代表的新兴国家年均增长率分别为8.6%、7.2%，明显高于美国（2.2%）、日本（1.7%）、英国（2.0%）等G7国家（图1–3）。

受金融危机和欧洲债务危机等多重因素影响，2010年以来芬兰、西班牙、希腊等国R&D经费增速放缓，有的甚至出现负增长；而日本、美国等国已经逐步走出金融危机的阴霾，R&D经费投入重回上升通道。从近期表现来看，美国、英国等国R&D经费增速持续回升，日本、印度等国的R&D经费增速放缓，2015年出现负增长。受国际和国内经济形势的影响，中国R&D经费增速也出现下降趋势，但相比而言仍保持较高水平。

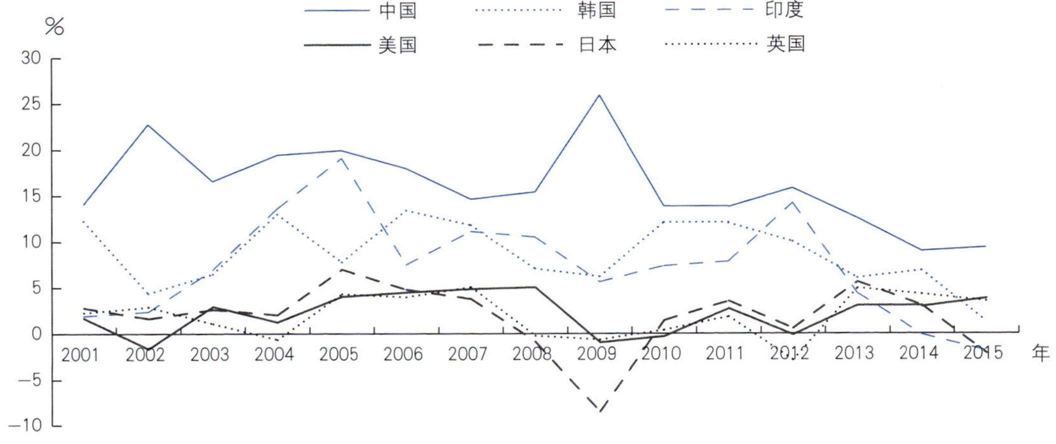

图1–3　部分国家R&D经费增速（按不变价计算）

3. R&D人员总量长期居世界首位

全球R&D人员达到1208.7万人年，较2000年增长67.5%。全球R&D人员主要分布在亚洲和欧洲，分别占全球总量的47.2%、30.9%。2000年以来，除芬兰、日本、罗马尼亚、俄罗斯等国外，其他国家R&D人员总量呈现增长态势，尤其是以中国和韩国为代表的新兴国家，其年均增速分别达到9.8%、8.1%，明显高于全球R&D人员3.5%的年均增速。

中国R&D人员总量为375.9万人年，占全球R&D人员总量的31.1%，2007年以来连续9年居世界首位；日本、俄罗斯作为科技人力资源大国，R&D人员总量均在80万人年以上，但占全球份额持续下降，分别为7.2%和6.9%。

随着新兴经济体R&D活动的日益活跃，全球R&D人员在发达国家和发展中国家的分布状况有了较大改变。2000年全球R&D人员主要集中在发达国家，G7国家R&D人员总量占全球比重为50.4%，金砖国家R&D人员总量占全球比重仅为32.5%。2015年，G7国家R&D人员总量占全球比重已经下降到38.1%，而金砖国家R&D人员总量占全球比重有了大幅提高，超越G7国家的比重，达到43.8%。

（二）知识产出能力显著增强

知识产出能力是创新活动水平和创新能力的重要体现，集中反映了一国原始创新能力、创新活跃程度和技术创新水平。国际科技论文和发明专利申请及授权情况是反映知识产出能力的重要指标。中国国际科技论文和发明专利申请量、授权量稳步提高，知识产出能力显著增强。

1. 国际科技论文影响力稳步提高[③]

全球SCI论文数量继续保持增长态势，达到195.2万篇，是2000年的2.5倍。全球SCI论文数量排名前3位的国家依次是美国、中国和英国。美国SCI论文数量达到42.3万篇，占全球总量的21.7%，继续居世界首位。中国SCI论文数量为28.1万篇，占到全

③ 数据来源于汤森路透，统计口径为全作者，文献类型为Article、Review两种，中国不包括港、澳地区数据。

球总量的14.4%，连续8年居世界第2位，是第3位英国SCI论文数量的2倍。

2000年以来，世界各国SCI论文数量呈现不同程度的增长，中国、韩国、巴西、印度等新兴国家SCI论文增速要明显快于发达国家。2000—2015年，中国SCI论文数量年均增速达到16.1%，大幅领先其他国家；韩国（10.1%）、巴西（9.6%）、印度（9.0%）等新兴国家SCI论文年均增速均高于全球平均水平（6.2%）；美国（3.1%）、德国（3.2%）、英国（3.5%）和日本（0.4%）等发达国家增速较低，其占全球总量的比重也呈现下降态势（图1–4）。

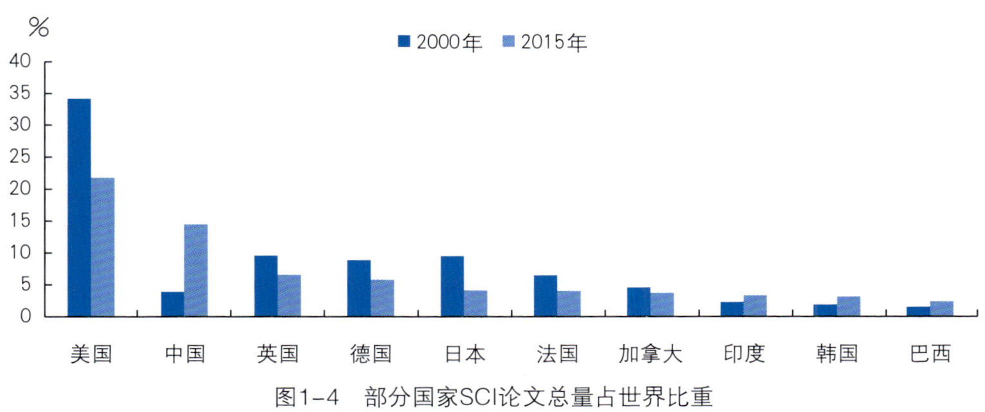

图1–4　部分国家SCI论文总量占世界比重

《规划纲要》颁布实施以来，中国SCI论文不仅保持了数量的增长，质量方面也有较大提高。2015年中国发表的SCI论文被引证次数④为60.0万次，占全球比重达到19.9%，与2005年相比提高了15.2个百分点，世界排名从第8位提高到第2位。同期，美国SCI论文被引证次数排名保持世界首位，但占全球比重下降了9.9个百分点；英国SCI论文被引证次数由世界第2位下降到第3位，占全球比重基本持平。

2. 国内发明专利申请和授权量稳居世界前列

全球国内发明专利申请量和授权量主要集中在中国、日本、美国和韩国，这4个国家累计占全球总量的比重约为90%。中国国内发明专利申请量达到96.8万件，占世界总量的52.1%，继续居世界首位；美国和日本国内发明专利申请量分别居世界

④　2015年论文被引证次数是指2015年发表论文截止到检索日期的被引次数；本研究的检索日期为2015年12月14日。

第2位和第3位，占世界总量的15.5%和13.9%。中国国内发明专利授权量达到26.3万件，占世界总量的37.5%，首次超越日本，居世界首位；日本国内发明专利授权量居第2位，占世界总量的20.9%；美国国内发明专利授权量居第3位，占世界总量的20.1%。

2000年以来，全球发明专利申请量和授权量增速在波动中下降，部分国家发明专利申请量和授权量出现负增长。在此背景下，中国国内发明专利申请量、授权量表现出强劲的增长势头，年均增速分别达到27.5%和28.4%。2000–2015年全球国内发明专利申请量、授权量的增量中，中国的贡献分别达到90.0%和61.8%。作为专利强国的日本，国内发明专利申请量逐年下降，2015年较2000年下降32.6%；国内发明专利授权量在2013年以前保持增长态势，此后连续两年下降，2015年为14.7万件，占全球比重20.9%，居世界第2位。韩国国内发明专利申请量在2008–2009年出现短暂的下降后，重回上升轨道，2015年为16.7万件，占全球比重为9.0%；国内发明专利授权量在保持连续6年上升后，2015年出现明显下降，较上年减少21.6%（图1–5）。

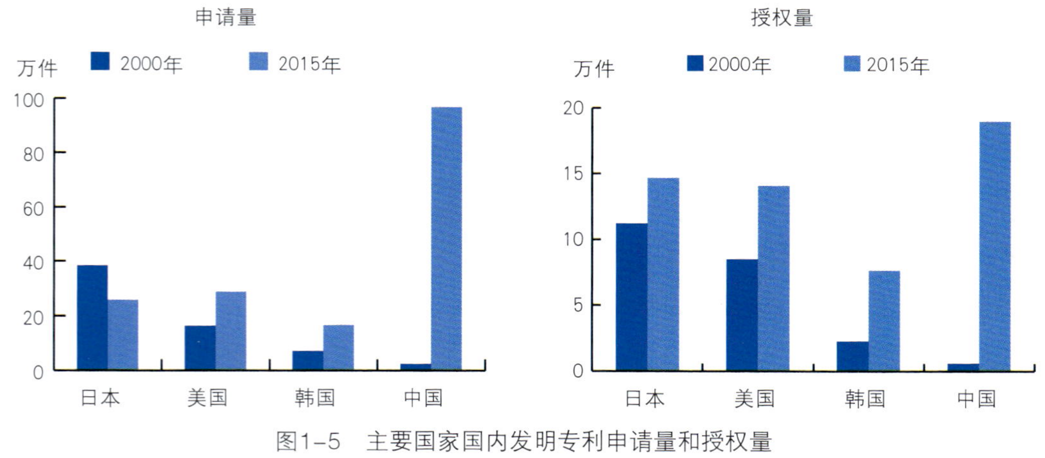

图1–5　主要国家国内发明专利申请量和授权量

（三）科技创新对经济发展的贡献日益显著

改革开放以来，中国经济保持快速发展和稳步增长，取得巨大成就，中国经济总量已经跃居世界第2位。经济的稳定发展保证了研发资源的持续投入，科技创新对经济社会发展的支撑和引领作用也日益增强，为经济发展注入了源源不断的活力。

1. 科技进步贡献率稳步提升

随着中国经济发展进入“新常态”，创新已经成为引领发展的第一动力。十八届五中全会把创新发展作为五大发展理念之首，突出强调科技创新在全面创新中的引领作用。科技进步贡献率是反映科技进步对经济增长贡献的指标，能够有效衡量经济增长方式转变效果和经济发展质量。2016年，科技进步贡献率指标被纳入《国民经济和社会发展第十三个五年规划纲要》；同年，《国家创新驱动发展战略纲要》发布，明确提出到2020年中国科技进步贡献率提高到60%以上的发展目标。《中国科技统计年鉴2016》数据显示，近年来中国科技进步贡献率[⑤]稳步提升，2015年达到55.3%，比2003年提高15.6个百分点。这反映了在中国经济稳增长、调结构的过程中，科技创新正在扮演越来越重要的角色。

2. R&D经费投入强度不断增加

R&D经费投入强度（R&D经费与GDP比例）是反映科技投入水平的重要指标，同时也是经济结构调整、科技与经济协调发展的重要标志。持续稳定的研发投入是创新活动开展的基本保障，主要发达国家均把提高R&D经费投入强度作为实施创新驱动发展的重要举措。中国R&D经费投入强度已达到历史最高水平2.06%，尽管与韩国（4.23%）、以色列（4.25%）等国还有较大差距，但已经超越欧盟28国总体水平（1.95%）。从省市情况来看，中国已经有8个省市R&D经费投入强度突破2%，其中北京高达6.01%，上海达到3.73%。相关研究表明，中国R&D经费投入强度从1.0%提高到2.0%经过了13年的时间，历时基本与日本持平，虽慢于美国（7年），但快于澳大利亚（22年）、奥地利（20年）、丹麦（17年）等发达国家。中国R&D经费投入强度的快速跃升，标志着中国的投资结构正发生着深刻变化，科技创新已逐步成为经济发展的关键助推器。

---

⑤ 2015年科技进步贡献率是根据2010—2015年相关数据测算的5年平均值。

3. 产业结构持续优化

进入知识经济时代，人才、知识、科技、教育等要素在经济社会发展中的重要性日益凸显。知识密集型产业以高技术设备和高知识素质人才聚集为特征，反映了产业结构的内在转型与升级。根据OECD的定义，知识密集型产业包括高技术产业和知识密集型服务业。高技术产业是国民经济的战略性主导产业，对产业结构调整和经济发展方式转变发挥着重要作用。中国高技术产业主营业务收入已达14万亿元，占制造业主营业务收入比重为14.1%，较上年增加1.1个百分点；中国高技术产业出口占制造业出口的比重为25.8%，较上年增加0.4个百分点。中国知识密集型服务业作为产业发展价值链中的重要部分，也保持良好的发展态势。2014年，中国知识密集型服务业增加值占GDP的比重为11.1%，较去年略有上升；中国知识密集型服务业增加值占世界比重为10.4%，保持连年增长态势，较2000年提高7.6个百分点。知识密集型产业的持续稳步发展，为中国产业结构转型升级提供了强有力的支撑。

二、中国创新在世界中的位置

美日欧引领全球创新的格局基本稳定，发展中国家创新指数排名整体落后，进步缓慢。中国创新指数排名第17位，比上年提升1位。中国创新资源投入持续增加，创新能力发展水平大幅超越了其经济发展阶段，遥遥领先于世界其他发展中国家，突出表现在知识产出效率和质量快速提升、企业创新能力稳步增强等方面。相比美日韩，中国创新指数得分还相对较低，但差距在缩小。随着创新资源的持续投入和科技体制机制改革的不断深入，中国创新效率将进一步提升，国家创新能力综合排名将向创新型国家行列稳步迈进。

当前，研发和创新成为世界各国调整经济结构，培育经济发展新动能的重要战略。在世界经济增长依然低位徘徊的情况下，全球研发投入和科技创新成果保持稳定增长态势，发达国家的研发活动基本恢复到金融危机前的增长水平，以中国为首的新兴经济体技术快速追赶，创新全球化趋势日益凸显。从国家创新指数得分和排名看，中国的创新发展成效显著，不断向创新型国家行列迈进。

（一）美日欧引领全球创新的格局依然稳定

国家创新指数是反映一个国家科学、技术和创新竞争力的综合指数。本报告选取了全球研发投入最多的40个国家，分布全球六大洲。测算结果表明：当前世界创新格局依然较为稳定。

对国家创新指数历年评价结果进行比较分析后发现，40个国家可划分为3个集团，综合指数排名前15位的国家主要为欧美发达经济体，均为公认的创新型国家。第16位～第30位为其他发达国家和少数新兴经济体，属于第二集团，面临的竞争最为激烈，中国处于这一集团靠前位置；第30位以后多为发展中国家，属于第三集团（图2–1）。与上年相比，40个国家排名总体稳定，分属于3个集团的国家，仅有集团内部排位的小幅变化，没有排名跨集团变动的国家。

具体来看，国家创新能力第一集团包括：美洲1席，为美国；亚洲4席，为日本、韩国、新加坡和以色列；欧洲占据10席，为瑞士、丹麦、瑞典、德国、荷兰、英国、芬兰、法国、奥地利和挪威。美国凭借其雄厚的创新资源和显著的创新绩效，在国家创新指数排名中继续占据首位。亚洲国家中，日本和韩国依托其突出的企业创新表现和知识创造能力，分居第2位和第4位；以色列虽然知识创造排名下降，但依然凭借高强度的创新资源投入和强大的企业创新能力，以及创新绩效和创新环境的改善，排名第13位，比上年上升1位；新加坡创新绩效创新环境表现优异，分别排名第6位和第1位，综合排名第9位，比上年上升1位。欧洲地区仍然是全球创新能力最强的区域之一，瑞士的企业创新排名提升1位，综合指数排名仍保持在第3位；北欧国家丹麦、瑞典继续保持创新强势，分列第5位和第6位；此外，荷兰排名上升1位，排在第8位；德国、英国分别排名第7位和第10位，比上年分别下降了1位和2位。比较中国与上述创新型国家的创新指数得分和排名发现，中国的差距进一步缩小。

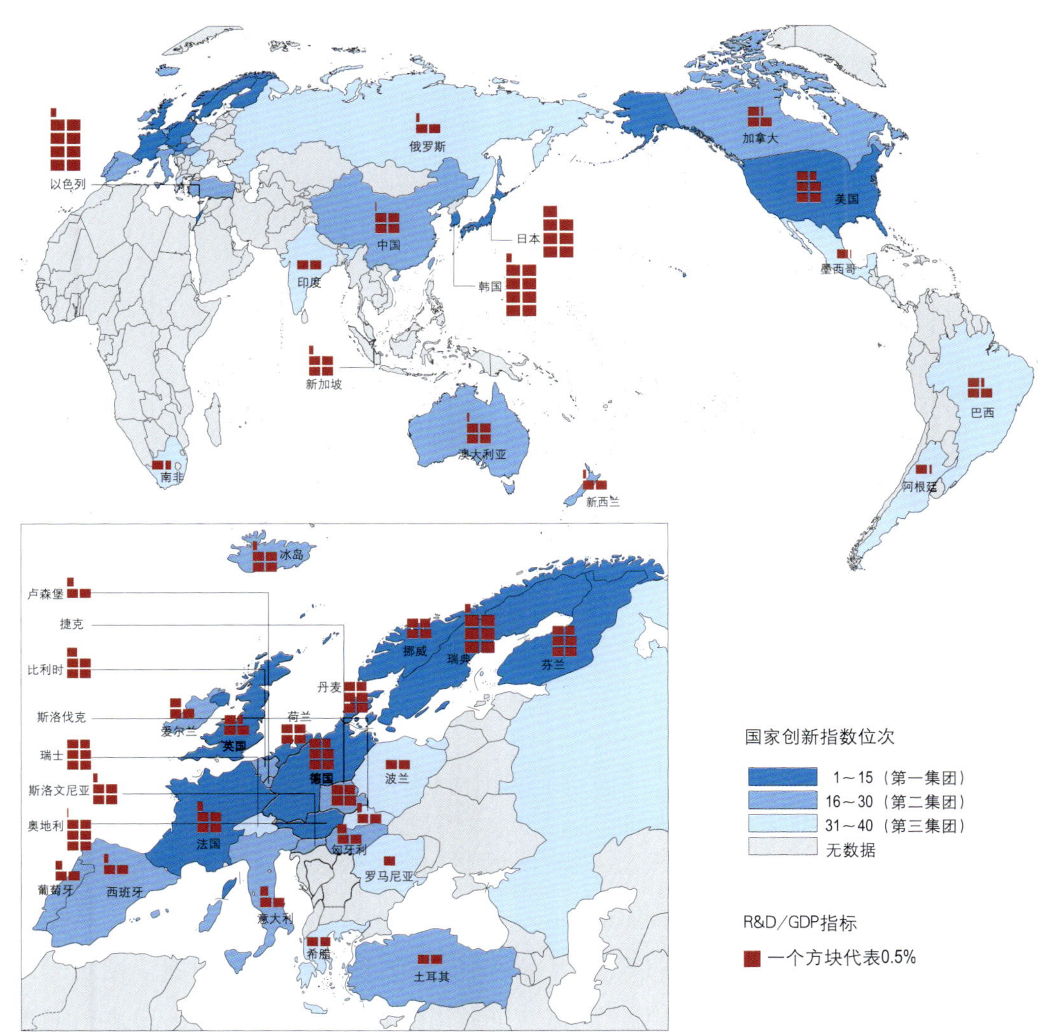

图2-1　全球创新能力分布情况

（二）中国创新能力大幅超越经济发展阶段

中国综合创新能力国际排名超越比利时，居第17位，比上年提高1位，已处于国际中上游的位置，是唯一进入前20位的发展中国家。从不同国家经济发展阶段比较来看，中国人均GDP达到8028美元，在40个国家中仅高于印度和南非。但是，中国创新指数得分已接近人均GDP在5万美元左右的欧洲国家（图2–2）。也就是说，中国创新能力大幅超越处于同一经济发展水平的国家。

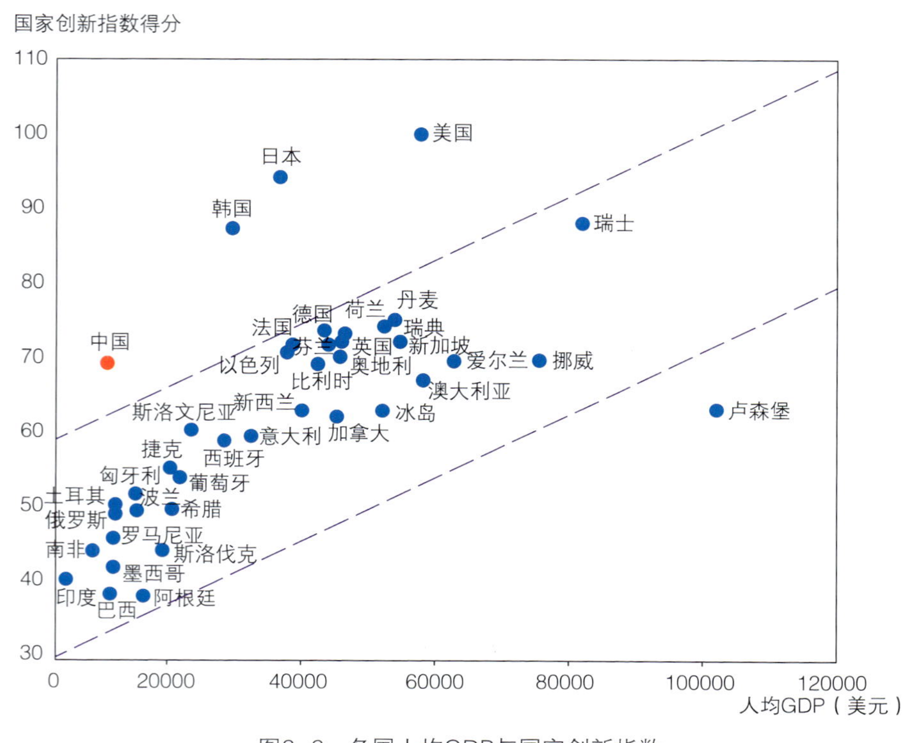

图2–2 各国人均GDP与国家创新指数

国家创新指数得分与国家经济发展阶段密切相关。从图2–2可以看到，各国创新指数排名与人均GDP存在较为显著的正相关关系，即人均GDP越高的国家，其创新指数得分也相对较高。多数国家落在图2–2中两条虚线所夹的长条地带内，这是国家正常发展的通道。只有少数几个国家出现在这个通道的上方，包括美国、日本、韩国和中国。这些国家有一个相似的特点，即政府高度重视科学技术和创新战略在国家发展中的作用。美国实行确保在全球科技领域全面领先的战略，日本则更加重视技术立国和知识产权立国的发展战略，韩国实行扶持大企业集团在特定领域重点突破和培养其国际竞争力的战略。与之相反的是卢森堡，虽然人均GDP排名居世界前列，但是其经济增长方式更多地依靠钢铁、化工等资源产业，以及金融和广播传媒等服务业，导致其创新指数得分国际排位落后于其人均GDP，因此位于通道的下方。

世界银行和国际货币基金组织等国际机构普遍采用人均GDP作为划分世界各个国家发展阶段的主要指标。分析40个国家的人均GDP数值发现，与中国发展阶段相近的国家有巴西、罗马尼亚、墨西哥、俄罗斯和土耳其5个国家（表2–1）。对比中国和这5个国家的创新表现可以看出，中国虽然人均GDP略低于5国水平，但是这5个国家无论是研发投入规模和强度，还是创新产出绩效，都远远落后于中国，综合排名全部处于第三集团，且进步缓慢。中国是唯一一个R&D投入强度超过2%的国家，R&D经费支出规模大约是5个国家总和的4倍，有效发明专利拥有量约为5国总和的6倍，高技术产品出口额约为5国总和的8倍，国家创新指数综合排名位居第二集团的领先位置。这充分体现了中国近年来依靠创新驱动，实现跨越式发展的巨大成就。

表2–1　部分相同发展阶段的国家创新指数比较

国家	人均GDP（美元）	研发经费总额（亿美元）	研发经费投入强度（%）	有效发明专利拥有量（件）	高技术产品出口额（亿美元）	国家创新指数排名（位）
中国	8028	2275	2.06	921757	5543	17
巴西	8539	296	1.67	2882	88	39
罗马尼亚	8973	9	0.49	1228	35	34
墨西哥	9005	63	0.55	2794	458	37
俄罗斯	9093	150	1.13	147606	97	33
土耳其	9126	80	1.01	5782	23	30

（三）中国创新能力领先全球发展中国家

在参评的10个新兴经济体中，中国排名第17位，处于第二集团的领先位置，其他发展中国家创新指数排名都居于第二集团末尾和第三集团靠后位置（表2–2）。与上年相比，10国中只有中国的排名上升1位，俄罗斯排名下降1位，其他8个国家排名不变。

金砖国家作为新兴国家的代表，受到国际社会的关注。除中国外，金砖国家排名均在30名之后。俄罗斯列第33位，处于第三集团中的领先位置。南非、印度和巴西在40国中仍处于靠后的位置，分列第36位、第38位和第39位。

表2-2　新兴经济体国家创新指数及变化

国家	创新指数2016—2017		创新指数2015	
	排名	得分	排名	得分
中国	17	69.8	18	68.6
匈牙利	29	52.2	29	53.1
土耳其	30	50.5	30	51.7
俄罗斯	33	49.7	32	49.3
罗马尼亚	34	46.3	34	47.7
南非	36	44.5	36	44.2
墨西哥	37	42.7	37	41.7
印度	38	40.7	38	40.1
巴西	39	38.9	39	38.7
阿根廷	40	38.6	40	38.7

中国的知识创造、企业创新、创新绩效和创新环境4个一级指标在金砖国家中处于优势地位（图2-3）。在知识创造方面，中国排名第8位，得分71.1分，超越了处于第15位的南非7.3分。在企业创新方面，中国排名第11位，得分为57.8分，而处于金砖国家中第2位的俄罗斯排名第22位，得分为41.3分，优势进一步扩大。在创新绩效方面，中国居第12位，得分为46.6分，领先排名第32位的巴西21.4分，中国相对优势明显。创新环境方面，中国得分82.4分，比上年提高了1分，但排名下降1位至第20位，金砖国家中排第2位的印度全球排名为第21位，得分为81分，中国较印度的优势有所缩小。

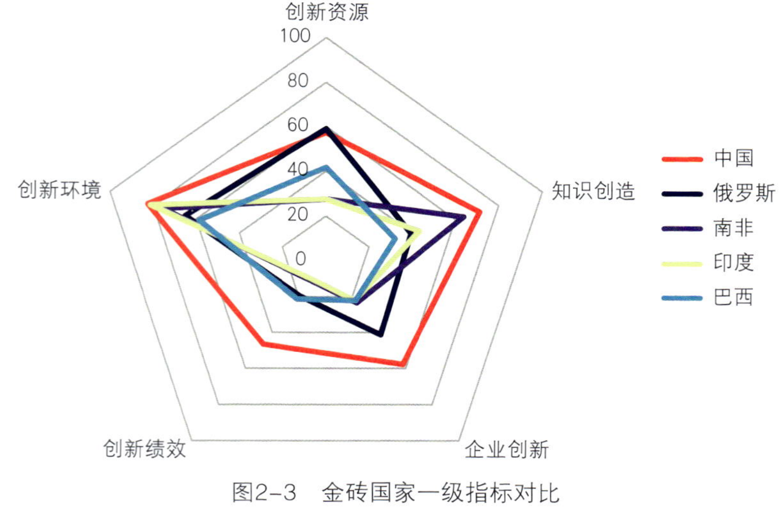

图2-3　金砖国家一级指标对比

中国的5个一级指标中仅创新资源在金砖国家中处于第2位，仍落后于俄罗斯，但分差继续缩小，从上年的3分缩小至1.7分。中国的研发人力投入强度、科技人力资源培养水平及信息化水平等方面与俄罗斯还有差距。

总体看来，在发展中国家阵营中，中国进步最快，优势不断扩大。中国R&D经费投入一直处于快速上升通道中，科研创新人员数量在全球范围内已占有绝对优势，专利、论文等科技产出规模已经位居世界前列。只要继续保持全社会创新资源快速增长的态势，中国将逐步实现从要素驱动向创新驱动的转变，支撑中国未来的跨越式发展。

（四）中国创新能力提升潜力仍然较大

中国创新能力取得了显著进步。从图2−4看，中国国家创新指数从2000年的第38位，逐渐上升到第17位，虽然位次变化过程中存在一定的波动，但整体向上趋势不变。特别是2009年以来，没有过多地受到全球经济低迷的影响，显示出21世纪以来中国综合创新能力在不断提升。

中国国家创新指数得分为69.8分，比上年提高了1.2分，超越比利时，与英国、法国、以色列等排名第10位～第15位国家间的差距进一步缩小，从上年落后0.8～4.1分减小到0.3～2.6分。目前，中国与排在第16位的爱尔兰相比，总体得分仅存在0.2分的微弱差距。因此，从国家创新指数得分及排位变化趋势看，中国创新能力提升前景比较乐观。

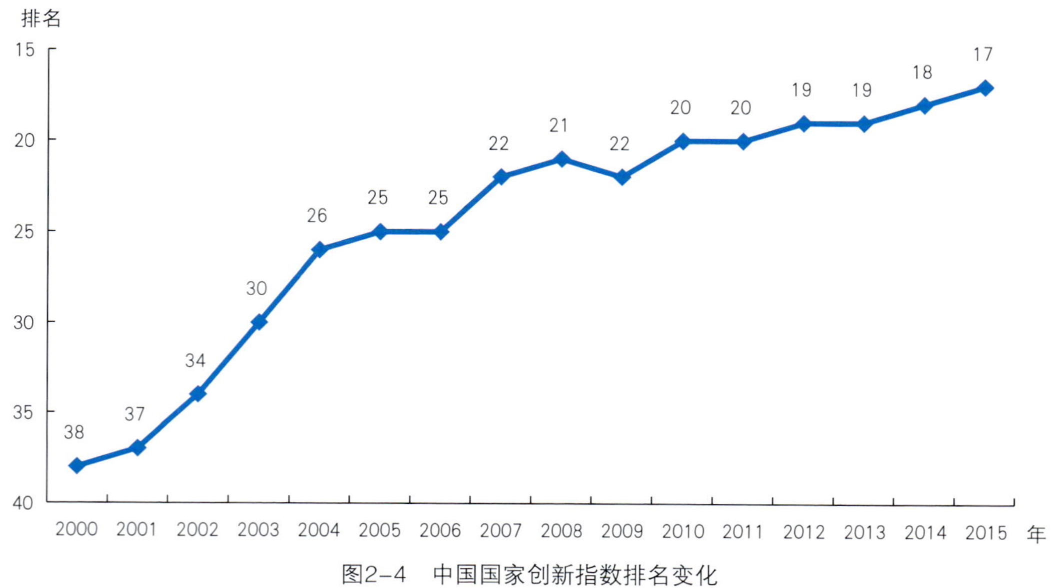

图2-4　中国国家创新指数排名变化

中国创新指数5个一级指标均取得了不同程度的进步（表2-3）。2005年以来，表现相对最为突出的是知识创造，由于中国的论文、专利等科研知识产出快速增长，带动中国知识创造排名迅速提升，从2005年的第37位跃居到2015年的第8位，排名提升了29位，显示中国的科研实力在世界上已有重要的影响力。创新绩效排名提升了17位，2015年排第12位，这得益于中国近年来知识产权成果的大幅增加和知识密集型产业的快速发展。企业创新排名第11位，2005年以来提高了6位，反映了"十一五"以来中国企业创新能力的持续增强，企业国际竞争力不断提高。创新环境排名整体增强，排名从第27位升至第20位。创新资源排名提高最为迟缓，"十一五"期间，中国创新资源排名第30位左右，2007—2008年排名最低至第33位，进入"十二五"后，排名进入前30位，2014年排名升至第27位，但2015年又回落1位至第28位，这与中国人口和经济规模有关，以人口和经济总量为分母的资源投入强度指标得分增长较为困难，中国创新资源投入强度的提升还须付出长期的努力。

表2–3　中国国家创新指数一级指标排名

年份	创新资源	知识创造	企业创新	创新绩效	创新环境	国家创新指数排名
2005	31	37	17	29	27	25
2006	32	34	17	28	28	25
2007	33	34	14	28	27	22
2008	33	33	12	25	23	21
2009	31	32	18	24	16	22
2010	30	29	15	18	18	20
2011	30	24	15	14	19	20
2012	30	18	15	14	14	19
2013	29	19	13	11	13	19
2014	27	12	12	11	19	18
2015	28	8	11	12	20	17

相比美日韩等创新强国而言，中国由于基础薄弱、创新资源积累不足，创新指数得分仍相对较低，未来国家整体创新能力和实力仍存在进一步提升的巨大空间。中国除创新环境外的4个一级指标，其得分还远远落后于指标值排第一（满分100）⑥的美日韩三国（图2–5）。中国创新资源、企业创新和创新绩效3个一级指标得分在60分以下，分别为57.4分、57.8分和46.6分，知识创造得分稍高，达到71.1分。比较上年得分来看，中国只有创新绩效受全球经济形势的影响下降了1.3分，创新资源、知识创造和企业创新3个一级指标得分分别上升了2分、3.9分和1.2分，与排名第一的美日韩差距缩小，创新环境上升了1分，与新加坡的差距缩小，创新环境进一步改善。中国创新指数得分变化既表明了中国与一级指标排名第一的美国、日本和韩国的显著差距，也表明中国创新能力正处于较快提升的通道，与标杆国家的差距有望进一步缩小。

⑥　采用标杆分析法计算，40个国家中指标值最大的国家得分为100。

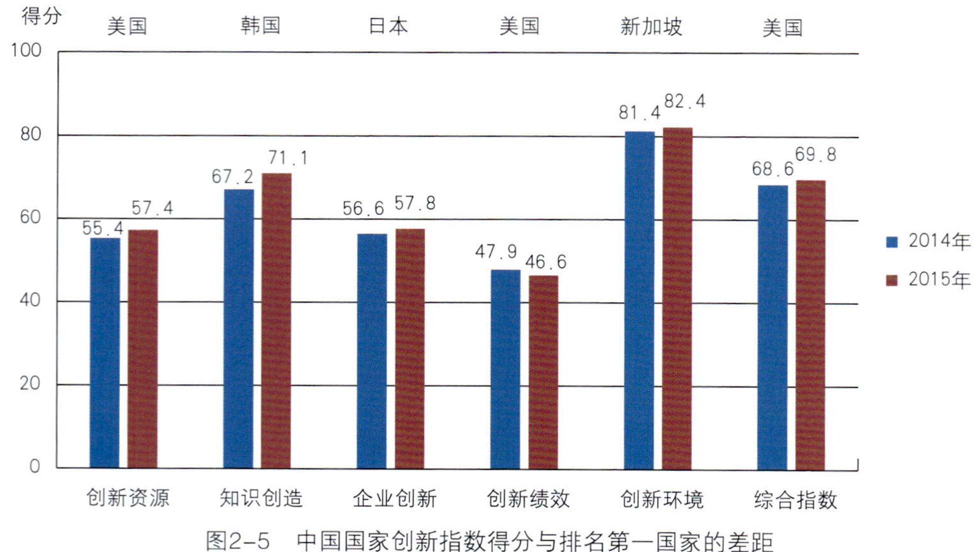

图2-5　中国国家创新指数得分与排名第一国家的差距

中国创新能力的提升空间来源于创新效率的提升。目前中国创新的优势在于创新规模巨大，未来发展的潜力主要在创新效率和质量的提升。由于中国人口规模和发展阶段的影响，涉及人均资源投入或产出的相对指标，如科技论文等知识产出的效率、劳动生产率所反映的人员产出效率及单位能耗的经济产出所反映的能源产出效率，不仅低于OECD国家，甚至低于巴西、南非等国。中国在这些体现创新效率和质量方面的表现，指明了中国未来创新能力提升的方向。随着教育和信息化水平的提升，人口大国的劳动力优势会向创新大国的高素质科技人才优势转变，信息化红利和科技人力资源红利所带来的创新效率的提升将助推中国创新能力的进一步跃升。

中国创新能力的提升空间来源于资源的持续投入。质变来源于量变的积累。中国已经把科技创新摆在国家发展全局的核心位置。近年来，中国R&D经费投入保持较快速度增长，2013年R&D经费投入总量超越日本，成为世界第二大R&D经费投入国，与美国的差距迅速缩小，从2005年不到美国R&D经费投入总量的10%增加到2015年的约57%。一年的R&D经费投入可能难以立竿见影地看到成果，但是只要中国在R&D经费持续投入方面保持近年来的快速增长态势，相信未来这种长期投入的巨大潜在影响会逐渐显现，中国创新能力与欧美发达国家的差距必将逐步缩小，从而影响并改变世界创新格局。

中国创新能力的提升空间来源于创新规模优势。从全球创新发展的历史看，国家创新规模一定程度上体现了创新发展的动力大小和趋势稳定程度，这对中国这样一个大国来说仍然非常重要。中国GDP在2010年超越日本成为全球第二大经济体，2015年中国GDP占全球的比重已达到15.5%。规模庞大的经济总量既为创新活动提供了巨大需求和财力支持，也为创新成果的商业应用提供了庞大的市场空间。

中国创新能力的提升空间来源于全面深化改革释放的创新活力。近年来，中国政府系统推进体制改革，重大举措不断取得突破性进展。中央强力推动简政放权，发布实施新的《促进科技成果转化法》，制定《关于实行以增加知识价值为导向分配政策的若干意见》，通过加大绩效工资分配激励力度、落实科技成果转化奖励等措施，激励科研人员开展成果转移转化的热情。财政科技计划改革、科技项目经费管理、自主创新示范区试点政策的推广、科研基础设施向社会开放等方面都出台了一系列的改革措施，有力促进了创新驱动发展战略的实施。政府各部门加大对小微企业的融资支持，落实高新技术企业税收减免和研发费用加计扣除税收优惠等创新支持政策，全社会掀起了“大众创业、万众创新”热潮，这些都有利于中国创新活力的释放。

总之，中国创新活动仍然处于较快发展阶段，中国需要保持R&D经费投入持续增长，发挥国内市场的优势和潜力，更加注重创新成果的扩散和应用，深入贯彻落实科技创新体制机制改革举措，不断提升全社会创新绩效和生产效率，以进一步深入推进创新型国家的建设。

三、国家创新指数指标评价

中国创新资源分指数排名第28位，比上年下降1个位次。5个二级指标中，同上年相比中国有4项指标的得分有所提高；有3项指标排名保持不变，有2项指标排名出现下降。亚洲发达国家排名领先，韩国、以色列、日本和新加坡处于第一集团。金砖国家的创新资源排名普遍落后。

中国知识创造分指数排名第8位，比上年大幅提升4个位次，在5个一级指标中首次进入前10强行列。5个二级指标中，发明专利的产出水平和产出效率已进入世界领先位置，每亿美元GDP的发明专利申请数连续6年居世界第2位，每万名研究人员的发明专利授权数连续6年保持前5强的位置。半数亚洲国家进入前10强，金砖国家排名两极分化。

中国企业创新分指数排名自2010年进入第一集团后稳步上升，如今已排第11位。5个二级指标的排名相对均衡，有3项指标的位次有所提升，1项指标的位次出现下降。三方专利数量占世界比重、综合技术自主率和企业R&D研究人员占全社会R&D研究人员比重分别排名第5位、第6位和第7位。亚洲国家表现突出，日本、韩国和以色列位居前5强。

中国创新绩效分指数排名第12位，较上年下降1个位次。5个二级指标中，有4项指标的位次与上年完全相同，仅高技术产业出口占制造业出口比重的排名下降3个位次。创新绩效指数排名前15位的国家与上年完全相同，仅仅部分国家位次发生变化。

创新环境分指数国际排名小幅下降1个位次至第20位。10个二级指标中，中国排名进入前10位的指标有4个，其他指标排名呈梯度分布，与上年相比有升有降。金砖国家创新环境分指数排名整体靠后，俄罗斯排名下降4个位次。

（一）创新资源投入小幅回落

创新资源涵盖了全社会对创新的投入力度、创新人才资源的储备状况及创新资源配置结构，是一个国家持续开展创新活动的基本保障。创新资源分指数采用研究与发展经费投入强度、研究与发展人力投入强度、科技人力资源培养水平、信息化发展水平、研究与发展经费占世界比重5项二级指标，分别从人、财、物3个方面对国家创新资源配置能力进行评价。

1. 中国排名下降1位，第一集团国家构成总体稳定

中国创新资源分指数排名第28位，比上年下降1个位次（图3–1）。从创新资源指标的得分看，中国为57.4分，比上年提高2分。在表征创新资源的5个二级指标中，同上年相比中国有4项指标的得分有所提高。其中，科技人力资源培养水平从上年的25.5分提高到了35.8分，进步明显；信息化发展水平、研究与发展经费投入强度和研发人力投入强度均有小幅提升，分别提高2.0分、0.7分和0.1分；只有研究与发展经费占世界比重的得分从上年的46.4分减少到45.2分。

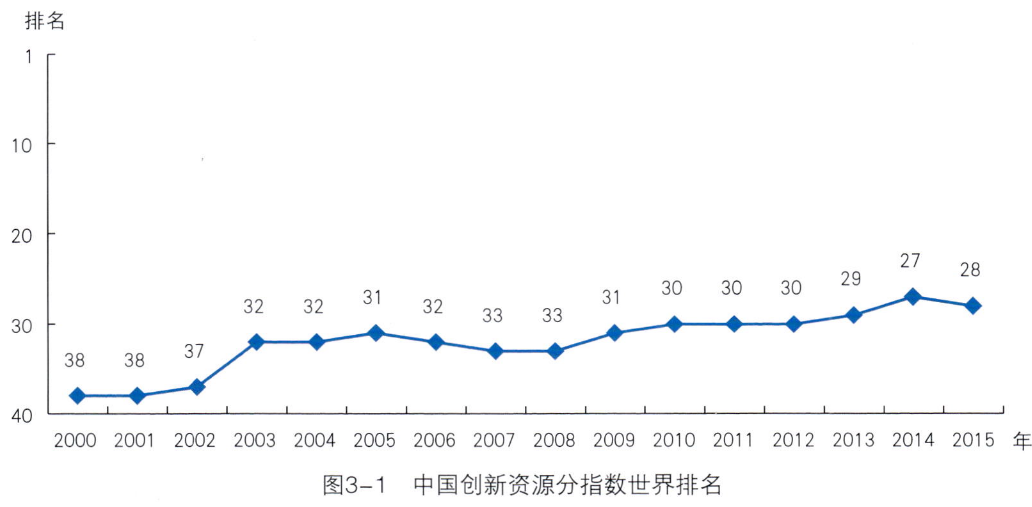

图3–1　中国创新资源分指数世界排名

创新资源分指数排名前15位的国家依次为美国、韩国、以色列、芬兰、丹麦、日本、瑞典、奥地利、德国、瑞士、冰岛、挪威、荷兰、新加坡和澳大利亚。与上年相比，冰岛自上年被挤出前15强后再度进入创新资源强国行列，斯洛文尼亚则从上年的

第15位小幅降至第17位。

2. 研发经费投入位居世界前列，研发人力投入仍在低位徘徊

从中国在5个二级指标方面的国际排名情况看，2015年有3项指标排名保持不变，分别是研究与发展人力投入强度、信息化发展水平和研究与发展经费占世界比重；有2项指标排名出现下降，其中研究与发展经费投入强度从上年第15位降至第17位，科技人力资源培养水平从上年第34位降至第36位（图3–2）。

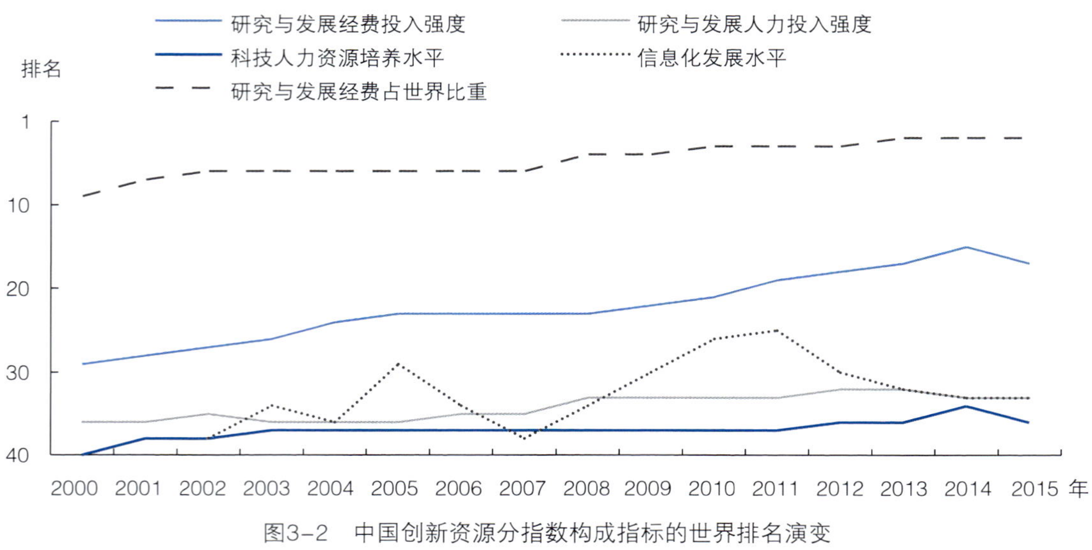

图3–2　中国创新资源分指数构成指标的世界排名演变

在国家创新指数包含的5个一级指标中，中国创新资源的国际排名明显落后于其他4项指标，处于第二集团靠后位置。这主要缘于创新资源二级指标的发展极不均衡。研发经费投入规模十几年来一直处于世界前列，已稳定占据全球第二的位置。近几年研发经费投入强度也稳步上升到世界中上游水平。在人力投入方面，中国的科技人力资源总量和研发人员总量已处于世界领先位置，但高等教育毛入学率和研发人力投入强度这两项指标的表现不佳，国际排名多年来一直处于落后位置，没有较明显的转变。此外，信息化发展水平的排名波动较大，且基本上在30位之后。可见，这几个薄弱环节应成为中国提升创新资源投入水平的关注重点。

3. 亚洲发达国家排名领先，金砖国家排名整体落后

在国家创新指数所涉及的6个亚洲国家中，2015年创新资源分指数排名与上年相比变化不大。韩国、以色列、日本和新加坡处于创新资源分指数排名的第一集团，其中前3个国家已进入世界前10位。中国位于第二集团领先位置。印度排在第39位，处于第三集团的末端。从历史变化趋势看，2000年以来，中国和韩国呈显著上升趋势，分别从第38位和第10位提升到第28位和第2位；新加坡的创新资源分指数排名有所下滑，从第8位降至第14位，下降6个位次。日本、以色列和印度自2000年以来排名变化不明显。

金砖国家在创新资源投入方面普遍落后，均处于40个主要国家中排名靠后的位置。俄罗斯创新资源排名从上年第23位降至第27位；巴西排名与上年相同，在第36位；印度排名比上年下降1位至第39位；而南非从2011年起已连续5年排名第40位。

（二）知识创造水平进步显著

知识创造和应用水平是国家创新能力的直接体现，反映了一个国家的科研产出能力和科技整体实力。本报告知识创造分指数选择了学术部门百万研究与发展经费的科学论文引证数、万名研究人员科技论文数、知识密集型服务业增加值占GDP的比重、亿美元GDP的发明专利申请数、万名研究人员的发明专利授权数5个二级指标，用来评价国家知识创造和应用水平。

1. 中国排名继续大幅提升，前八强国家基本稳定

中国知识创造分指数排名第8位，比上年大幅提升4个位次，在5个一级指标中首次进入前10强行列（图3−3）。知识创造分指数得分从上年的67.2分提高到71.1分。与上年相比，5个二级指标中，3个指标排名上升，学术部门百万研究与发展经费的科学论文引证数排名提升3位至第30位，知识密集型服务业增加值占GDP的比重和万名研究人员的发明专利授权数均提高1位，分别排名第32位、第3位。万名科学研究人员的科技论文数和亿美元GDP的发明专利申请数排名不变，分别为第37位和第2位。

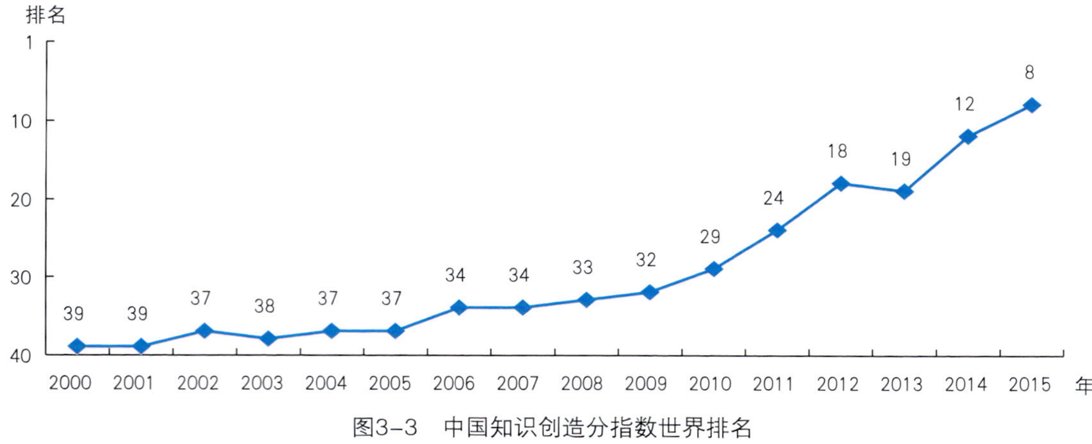

图3-3　中国知识创造分指数世界排名

知识创造排名前15位的国家依次为韩国、瑞士、日本、美国、新西兰、英国、荷兰、中国、澳大利亚、意大利、比利时、匈牙利、西班牙、斯洛文尼亚和南非。除了排名前3位的国家与2014年的位次完全相同，其他国家的位次都有所变化。爱尔兰和新加坡被挤出前15位，取而代之的是斯洛文尼亚和南非。40个国家中，爱尔兰的排名变化较大，从上年的第5位下降到了第18位。

2. 发明专利产出世界领先，论文国际影响力有待提升

从中国5个二级指标国际排名的表现看，发明专利的产出水平和产出效率已进入世界领先位置。每亿美元GDP的发明专利申请数已连续6年位居世界第2位，每万名研究人员的发明专利授权数也连续6年保持前5强的位置（图3-4）。

在科技论文指标方面，近几年，中国的国际论文产出总量和论文的引证数都稳居世界前列，高被引论文的表现也很突出，反映出中国的基础研究整体实力正在不断增强。而从知识创造分指数所使用的两项反映论文产出效率的指标看，排名都比较落后，表明中国的国际论文产出效率和整体影响力仍有待进一步提升。

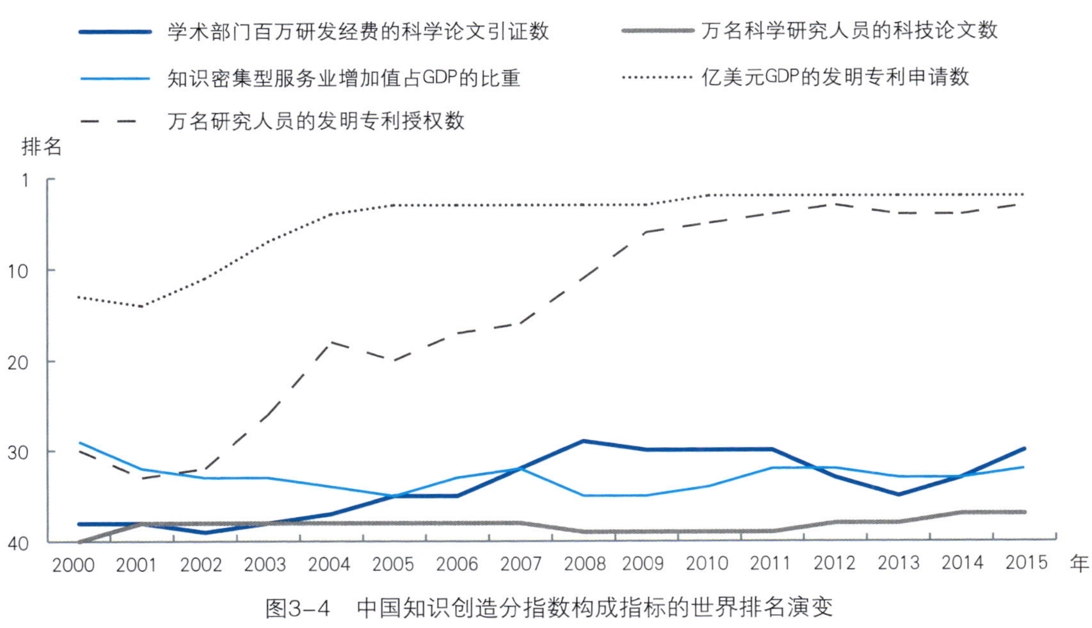

图3-4　中国知识创造分指数构成指标的世界排名演变

3. 半数亚洲国家进入前10强，金砖国家排名两极分化

韩国和日本知识创造分指数排名继续保持领先，分列第1位和第3位；新加坡的排名下降1位，列第16位；印度和以色列处于第三集团，分别位居第33位和第38位。以色列的排名继续下降，主要是由于除了学术部门百万研发经费的科学论文引证数排第10位外，其他4项二级指标的排名均在20位之后，其中万名科学研究人员的科技论文数和知识密集型服务业增加值占GDP的比重两项指标的排名分别为第35位和第37位。从历史变化趋势来看，自2000年以来，中国提升速度最快，从2000年的第39位提升到2015年的第8位，提升了31个位次。

在金砖国家中，中国和南非自2011年以来知识创造指数排名提升明显，排名远超其他几个金砖国家，南非2015年迈入了第一集团。而印度、巴西和俄罗斯的知识创造全球排名多年来始终处于全球40个国家中的后10位。

（三）企业创新稳步提升

企业是开展创新活动的重要主体，也是国家创新体系的重要组成部分。企业创新的规模和质量，在很大程度上代表着一个国家的创新能力与水平。本报告主要从国家角度测度企业的创新活动，采用了三方专利数量占世界比重、企业研究与发展经费与增加值之比、每万名企业研究人员拥有PCT专利申请数、综合技术自主率、企业R&D研究人员占全部R&D研究人员比重5项指标。

1. 中国排名稳步提升，第一集团国家保持稳定

中国的企业创新分指数排名继续提升1位至第11位（图3–5）。在表征企业创新的5个二级指标中，同上年相比，中国有2项指标的得分实现提升，分别是三方专利数占世界比重和综合技术自主率；另3项指标得分则有不同程度的下降，其中企业R&D研究人员占全社会R&D研究人员比重得分下降较明显，从76.2分下降到了70.5分。

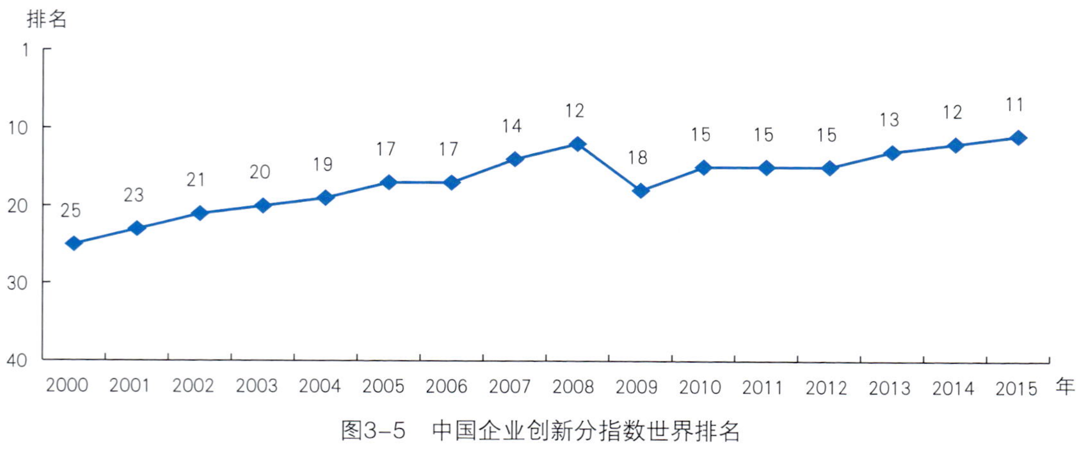

图3–5　中国企业创新分指数世界排名

企业创新分指数排名前15位的国家分别是日本、美国、韩国、以色列、法国、德国、瑞典、瑞士、奥地利、芬兰、中国、丹麦、卢森堡、斯洛文尼亚和荷兰。这15个国家与上年完全相同，只是部分国家的位次发生变化。法国、瑞士、奥地利、中国和卢森堡的排名较上年均提升1位，芬兰的排名下降2个位次，德国、丹麦和斯洛文尼亚下降1个位次。

企业创新能力与国家整体创新能力存在高度的关联性。2014—2015年，企业创新分指数排名前15的国家中，有12个国家进入了国家创新指数前15名。

2. 二级指标排名表现良好，PCT申请的产出效率有待提升

从中国5个二级指标国际排名的表现看，2015年有3项指标的位次有所提升，1项指标的位次出现下降。三方专利数量占世界比重、综合技术自主率和企业R&D研究人员占全社会R&D研究人员比重分别排名第5位、第6位和第7位，分别比上年提高1个位次、3个位次和1个位次。企业研发经费与增加值之比排第16位，较上年下降1个位次。万名企业研究人员拥有PCT申请数的国际排名与上年相同，继续保持在第27位。

中国的企业创新分指数表现良好，自2010年进入第一集团后排名稳步上升。5个二级指标的排名相对均衡。除万名企业研究人员拥有PCT申请数的排名在第二集团，另4项指标均处于第一集团的中间位置。在PCT国际申请方面，中国的PCT申请总量已连续3年居世界第3位。而从投入产出的角度看，PCT申请的产出效率还落后于多数发达国家。因此，提升PCT国际申请水平应成为今后增强企业创新能力的着力点。

3. 亚洲国家表现突出，日本二级指标均居前5位

从企业创新分指数排名前15位的国家分布看，亚洲国家表现最好。日本、韩国和以色列不仅总体排名分列第1位、第3位和第4位，而且在5项二级指标的表现上也很突出。日本是唯一一个在5项二级指标排名上均进入前5位的国家。韩国有4项二级指标排名进入前10位，其中3项指标进入前5位。以色列有2项二级指标排名居首位。中国有3项二级指标进入前10位。

企业创新分指数前15强中表现好的国家还有美国、瑞典、德国、法国和荷兰。美国有4项二级指标进入前10位，其他4国均有3项二级指标排名进入前10位。前15强之外的国家中，二级指标表现不俗的国家是意大利，有3项二级指标排名进入前10位。

（四）创新绩效稳中有降

创新绩效是一个国家开展创新活动所产生的成果和影响的集中表现。创新绩效分指数采用了劳动生产率、单位能源消耗的经济产出、有效发明专利数量占世界比重、

高技术产业出口占制造业出口的比重、知识密集型产业增加值占世界比重5项指标，来测度和评价创新活动的产出水平，以及创新活动对经济的贡献。

1. 中国排名下降1位，第一集团国家保持稳定

中国创新绩效分指数排名第12位，较上年下降1个位次（图3–6）。在表征创新绩效的5个二级指标中，中国的劳动生产率和单位能源消耗的经济产出两项指标的得分分别较上年提高2.6分和0.1分；有效发明专利数量占世界比重和高技术产业出口占制造业出口的比重两项指标的得分分别下降了1.6分和5.1分；知识密集型产业增加值占世界比重的得分与上年持平。

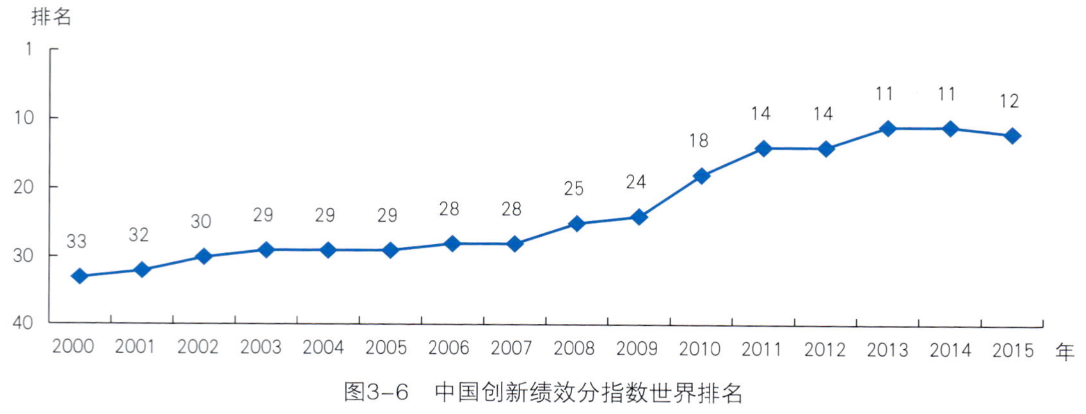

图3–6　中国创新绩效分指数世界排名

创新绩效指数排名前15位的国家依次为美国、瑞士、日本、爱尔兰、挪威、新加坡、英国、丹麦、法国、卢森堡、韩国、中国、澳大利亚、德国和瑞典，与上年完全相同，仅部分国家位次发生变化。其中，韩国的上升幅度最大，从上年的第15位升至第11位，爱尔兰上升2个位次至第4位。

2. 二级指标排名两极分化，转变发展方式面临较大压力

从中国5个二级指标国际排名的表现看，有4项指标的位次与上年完全相同，仅高技术产业出口占制造业出口比重的排名继续下降，从上年第3位降至第6位（表3–1）。

尽管中国的创新绩效分指数排名即将跨入前10强行列，但从二级指标的表现看，存在的结构性缺陷没有扭转的迹象。2000年以来，中国劳动生产率和单位能源消耗的

经济产出这两项指标的数值虽然逐年在提高，但提升幅度不明显，国际排名一直在后5名徘徊。另三项指标的表现突出，基本上一直处于第一集团。而且，2009—2014年，三项指标排名稳居在前5名位置。这表明，中国的创新绩效依然主要依靠高技术产业产出规模和技术产出总量的拉动，中国在转变经济发展方式和实现产业转型升级方面仍面临非常大的压力。

表3-1　中国创新绩效分指数构成指标的世界排名演变

年份	劳动生产率	单位能源消耗的经济产出	有效发明专利数量占世界比重	高技术产业出口占制造业出口的比重	知识密集型产业增加值占世界比重
2000	39	38	—	16	6
2001	39	36	—	13	6
2002	39	37	—	10	6
2003	39	39	—	6	7
2004	39	39	—	6	6
2005	39	39	6	6	6
2006	39	40	6	6	6
2007	39	40	5	6	5
2008	39	38	4	6	3
2009	39	37	4	4	3
2010	39	37	4	3	3
2011	39	37	4	2	2
2012	39	36	4	2	2
2013	39	36	4	2	2
2014	39	36	3	3	2
2015	39	36	3	6	2

3. 前10强国家二级指标发展均衡，金砖国家中中国一枝独秀

创新绩效分指数排名前10位的国家，在二级指标的表现上都比较均衡。英国和瑞士的表现最好，均有4项指标排名进入了前10位。美国、法国、中国和爱尔兰分别有3项指标排名进入前10位。丹麦、日本和卢森堡均有2项指标排名进入前10位。

金砖国家中，除中国外，其他4个国家的排名比较落后，巴西、俄罗斯、南非和印度分列第32位、第35位、第39位和第40位。从二级指标看，俄罗斯在有效发明专利数量和知识密集型产业增加值占世界比重两项指标上进入第一集团，巴西和印度也在知识密集型产业增加值占世界比重排名上进入第一集团。

（五）创新环境有待完善

创新环境是提升国家创新能力的重要基础和保障。创新环境分指数选取如下10个二级指标：知识产权保护力度、政府规章对企业负担影响、宏观经济环境、当地研究与培训专业服务状况、反垄断政策效果、员工收入与效率挂钩程度、企业创新项目获得风险资本支持的难易程度、产业集群发展状况、企业与大学研发协作程度及政府采购对技术创新影响。这些指标及数据全部引自世界经济论坛历年《全球竞争力报告》。

1. 中国排名下降1位，第一集团国家排名变动明显

中国创新环境分指数国际排名继续下滑，从上年第19位降至第20位（图3–7）。2005年以来，创新环境分指数整体上处于波动状态。2005—2009年，指数在小幅波动后一路走高，2009年上升至第16位，随后2年小幅下降至第19位，2013年上升至第13位，2015年又回落至7年以来最低排名。从10个二级指标的得分情况看，除宏观经济稳定性和员工收入与效率挂钩程度两项指标分别较上年减少4.9分和1.0分外，其他指标的得分均有不同程度的上升。

在40个国家中，创新环境分指数排名前15位的国家依次为新加坡、瑞士、芬兰、美国、卢森堡、挪威、德国、瑞典、荷兰、英国、新西兰、爱尔兰、以色列、比利时和日本。其中，新加坡在该分指数上已多年居第1位，比利时取代加拿大进入第一集团，芬兰从上年的第8位大幅上升至第3位，瑞典从上年第12位升至第8位，英国则从第6位下降到第10位。与其他国家相比，这些国家在创新环境方面有明显的优势。

图3–7　中国创新环境分指数世界排名

2. 二级指标排名梯度分布，知识产权保护有待加强

在创新环境的二级指标中，中国排名进入前10位的指标有4个：政府规章对企业负担影响、宏观经济环境、企业创新项目获得风险资本支持的难易程度、政府采购对技术创新影响（表3–2）。其中，宏观经济环境指标和政府采购对技术创新影响指标的排名虽然比较靠前，居第6位，但相比2014年均下降了2个位次；企业创新项目获得风险资本支持的难易程度指标扭转了上一年剧烈下滑的局面，上升2个位次重新进入前10强。其他指标排名呈梯度分布，与上年相比有升有降。其中，反垄断政策效果指标较上年提升了3个位次，居第21位；产业集群发展状况指标和企业与大学研发协作程度指标均较上年提升2个位次，分别居第16位和第23位；当地研究与培训专业服务状况指标较上年提升1个位次，居第33位；知识产权保护力度指标继续下滑1个位次至第33位；员工收入与效率挂钩程度指标连续3年出现下滑，2015年下降2个位次至第20位。

表3–2　中国创新环境分指数构成指标的世界排名演变

指标	2007	2008	2009	2010	2011	2012	2013	2014	2015
创新环境分指数排名	27	23	16	18	19	14	13	19	20
其中：知识产权保护力度	31	28	27	28	28	27	25	32	33
政府规章对企业负担影响	11	6	5	7	6	3	6	9	9
宏观经济环境	2	5	—	—	4	3	4	4	6

续表

指标	2007	2008	2009	2010	2011	2012	2013	2014	2015
当地研究与培训专业服务状况	29	30	32	30	33	30	33	34	33
反垄断政策效果	37	35	28	28	28	27	22	24	21
企业创新项目获得风险资本支持的难易程度	34	29	12	11	12	8	5	11	9
员工收入与效率挂钩程度	8	6	12	9	28	5	9	18	20
产业集群发展状况	19	16	12	12	16	18	18	18	16
企业与大学研发协作程度	23	21	22	24	26	25	25	25	23
政府采购对技术创新影响	17	13	6	8	8	3	4	4	6

3. 中国综合优势领先金砖国家，俄罗斯排名明显下降

金砖国家创新环境分指数排名整体靠后。2015年，中国排名继续领先其他4国，南非、印度、巴西和俄罗斯分别列第25位、第21位、第38位和第35位（表3–3）。和上年相比，俄罗斯排名下降明显，从上年第31位降至第35位。南非和印度排名则显著上升，分别提升了2个位次和4个位次。

表3–3　金砖国家创新环境分指数构成指标的世界排名

国家	中国	南非	印度	巴西	俄罗斯
创新环境分指数排名	20	25	21	38	35
其中：知识产权保护力度	33	19	27	36	40
政府规章对企业负担影响	9	27	11	40	25
宏观经济环境	6	31	30	38	34
当地研究与培训专业服务状况	33	23	29	40	28
反垄断政策效果	21	7	23	35	36
企业创新项目获得风险资本支持的难易程度	9	26	6	36	35
员工收入与效率挂钩程度	20	36	24	33	25
产业集群发展状况	16	22	20	29	36
企业与大学研发协作程度	23	21	20	37	29
政府采购对技术创新影响	6	34	4	35	28

从金砖国家创新环境整体来看，中国、南非和印度处于第二集团，巴西和俄罗斯处于第三集团。从5个国家的二级指标排名看，中国在宏观经济环境、产业集群发展状况两项指标上具有比较优势；中国和印度在政府规章对企业负担的影响、企业创新项目获得风险资本支持的难易程度、政府采购对技术创新的影响这三个方面具有较明显的优势；南非在反垄断政策效果方面具有较明显的优势。在其他几个指标上，金砖国家的排名都比较靠后。特别是巴西和俄罗斯，创新环境二级指标排名基本上都很落后。

四、中国创新能力的发展与演变

从历史演变特征看，中国国家创新能力不断增强，但跃升全球创新“第一集团”依然面临巨大挑战。2000—2015年，中国在创新资源、知识创造、企业创新和创新绩效指标上均呈现出明显的上升态势。创新资源分指数年均增速为10.3%；知识创造分指数年均增速达到11.2%；企业创新分指数年均增速为16.3%；创新绩效分指数年均增速达10.9%；创新环境分指数的10项指标中有7项得分上升。

在充分考虑继承性、延续性、创新性与时代性的基础上，“十三五”科技创新规划提出12项指标。在创新型国家建设引导方面，提出国家综合创新能力世界排名和科技进步贡献率2项指标。在反映创新驱动发展与经济结构调整方面，提出研发经费与国内生产总值的比例、每万名就业人员的研发人力投入、高新技术企业主营业务收入、知识密集型服务业增加值占GDP比重、规模以上工业企业研发投入占主营业务收入比例5项指标。在提升自主创新能力和国际化水平方面，提出国际科学论文被引用次数世界排名、PCT国际申请量、每万人发明专利拥有量3项指标。在创新创业环境方面，选择全国技术市场合同交易总额、公民具备基本科学素质的比例2项指标。

（一）国家创新指数演变路径

1. 国家创新指数历史演变的基本态势

当今世界，各国围绕科技创新核心要素的竞争愈加激烈，发达国家希望通过提升科技创新能力，继续保持领先地位；新兴经济体大幅增加科技投入，希望借此赶超发达国家，实现弯道超车。进入21世纪以来，中国科技创新资源投入大幅增长，知识创造和应用能力迅速提升，企业创新日益活跃，创新绩效逐步显现，创新环境不断完善。中国创新能力与创新型国家的差距正在快速缩小，国家创新指数变化已经充分显示了这一演变趋势。

2000年以来，中国整整经历了3个五年规划期，在这一历史节点观测创新指数的变化特征，有助于把握中国创新能力的演变轨迹。15年来中国创新能力稳步提升，整体呈现对数曲线的增长态势。分别选择2000年、2005年和2010年为基期，来测算“十五”“十一五”和“十二五”时期中国国家创新指数分值的变化情况。数据显示，“十五”时期中国国家创新指数分值增长51%，2005年达到151（图4–1）；随着《规划纲要》及相关配套政策的颁布实施，“十一五”时期中国国家创新指数加速提升，分值增长75%（图4–2）；“十二五”时期中国国家创新指数在较高分值基础上仍保持良好增长势头，但增速有所放缓，分值增长45%（图4–3）。随着创新能力的提升，中国越来越趋向与创新能力最强的“第一集团”国家直接竞争，中国创新型国家建设已进入决胜阶段。

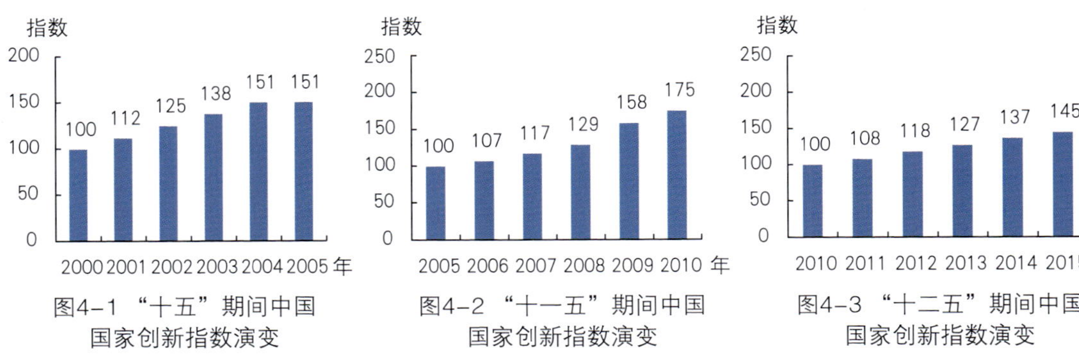

图4–1 “十五”期间中国国家创新指数演变

图4–2 “十一五”期间中国国家创新指数演变

图4–3 “十二五”期间中国国家创新指数演变

2. 国家创新指数演变的影响因素

在构成国家创新指数的5项一级指标中，除创新环境分指数小幅波动外，中国在创新资源、知识创造、企业创新和创新绩效分指数上均呈现明显的上升态势。尤其是企业创新分指数，表现出高速增长态势（表4–1）。

表4–1　中国国家创新指数一级指标指数变化情况

年份	创新资源	知识创造	企业创新	创新绩效	创新环境
2000	100	100	100	100	
2001	113	102	124	109	
2002	127	103	154	117	
2003	143	113	172	126	
2004	155	133	185	130	
2005	150	147	218	139	100
2006	163	157	247	155	98
2007	200	170	297	178	102
2008	220	168	349	215	108
2009	257	234	511	240	115
2010	282	257	570	278	112
2011	309	297	618	328	109
2012	346	342	760	372	112
2013	379	385	831	410	112
2014	418	428	944	446	111
2015	438	491	966	475	113

资金、人才和信息资源是科技创新活动不可或缺的资源要素。2000—2015年，中国科技创新资源投入表现出强劲的发展态势，创新资源分指数平均增速达到10.3%。在过去的15年间，中国R&D经费增长了8倍，占全球总量的比重由2000年的1.7%提高到2015年的15.6%。R&D经费与GDP的比值由0.9%上升到2.06%，这一比值已高居发展中国家之首。创新人力资源大幅增长，每万人口中R&D人员数量由7.3人年迅速提高到27.4人年。高等教育毛入学率增长4倍以上，由7.7%提高到39.4%。科技创新资源投入是国家创新能力提高的重要基础，其快速提升为经济发展方式转变和产业转型

发展提供了根本保障。

论文与专利是知识创造活动的成果，是科技创新活动的直接产出。2000—2015年，中国科学研究能力迅速增强，知识创造分指数年均增速达到11.2%。每万名研究人员的科技论文总数增长了3倍以上。2015年，中国每万名研究人员发明专利授权数是2000年的13倍。知识创造及转化应用能力的提高为创新活动提供了强有力的支撑，为增强国家原始创新能力、提高自主创新水平提供了重要源泉。

企业作为技术创新的主体，其创新水平是决定国家创新能力的核心要素。2000—2015年，中国企业创新能力快速提升，企业创新分指数年均增速高达16.3%，居5项分指数增速之首。三方专利数占世界比重由2000年不足0.2%提高到2014年的4.8%。万名企业研究人员PCT专利申请数由22.0件/万人年增加到252.6件/万人年，增长了10.5倍。随着中国企业知识产权保护意识的提升，并逐渐走向国际，参与国际竞争，中国企业创新能力仍将会有更大幅度的增长。

创新绩效体现在经济发展水平提升、产业结构优化升级及社会发展进步等方面，是开展创新活动的终极目标。从历史变化趋势看，中国的创新绩效稳步提升。2000—2015年，中国创新绩效分指数年均增速达10.9%；全员劳动生产率由1700美元/人提高到14200美元/人；单位能源消耗的经济产出增长2.5倍，由1.0美元/千克标准油提高到3.5美元/千克标准油。与其他一级指标相比，创新绩效的显现具有一定的滞后性，因此未来提升的潜力很大。

创新环境是创新活动顺利高效开展的重要保障。《规划纲要》颁布实施以后，尤其是“十二五”以来，中国的创新环境得到极大改善。与2005年相比，2015年中国创新环境分指数所包含的10项指标中，除1项指标得分持平、2项指标得分略有下降外，其余指标得分均有不同程度的提升。随着新一轮创新创业政策的加快实施，中国创新环境将会进一步改善。

国家创新指数已被正式列入《“十三五”国家科技创新规划》总体发展目标。《规划》明确指出，到2020年，国家科技实力和创新能力大幅跃升，创新驱动发展成效显著，国家综合创新能力世界排名进入前15位。这一目标的实现意味着中国将进入创新型国家行列。中国创新的优势在于创新要素规模巨大，未来发展的潜力主要在于创新效率和质量的提升。“十三五”期间，全社会仍需要毫不松懈地加大创新资源投入力度，同时更加关注资源投入的强度、结构及效率问题。进一步提高知识创造能力和水平，为增强国家原始创新能力提供坚实基础。继续发挥科技的支撑引领作用，大幅提高企业技术创新能力，发展高技术产业、战略性新兴产业和知识密集型服务业，以科技创新支撑经济转型和产业结构调整。关注科技创新对经济发展、社会进步的贡献，依靠科技创新突破经济社会发展中的能源、资源与环境约束，实现创新绩效的稳步提升。加强市场经济体制建设，促进自由竞争；加强知识产权等法律环境建设；积极促进产学研合作；进一步营造有利于创新的政策、法律、经济和技术服务环境。

（二）国家“十三五”科技创新规划指标与目标

1. 指标设计思路与原则

“十三五”是全面建成小康社会和建设创新型国家的决胜阶段，是全面深化科技体制改革、深入实施创新驱动发展战略的关键时期。“十三五”科技创新规划指标的设置，既要体现继承性和延续性，同时又要体现创新性和时代性，充分考虑“十三五”经济社会发展和科技创新的阶段性特征，对全社会科技创新进行精准调控与引导。指标设计思路主要突出以下几个方面：

一是突出创新型国家建设的战略引导。“十三五”是实现进入创新型国家行列目标的最后5年，要确保这一目标顺利实现，必须加强对创新型国家建设进程的动态监测，强化对全社会的宏观引导。

二是突出反映创新驱动发展的成效。“十三五”是深入实施创新驱动发展战略的关键时期，适应和引领经济发展新常态，需要更加充分发挥科技创新对经济社会发展的支撑引领作用，因此进一步加强科技创新对转方式、调结构贡献的监测非常关键。

三是突出强调科技创新质量提高和能力提升。“十三五”是中国科技创新由量的增长向质的跃升转变的关键时期，应通过指标设置，引导社会更加关注科研工作的质量与效益、更加关注国家创新能力的提升，更加关注中国科技活动在国际上的排名与影响力。

四是突出强调创新创业环境建设。推进大众创新创业是“十三五”时期的重大战略任务之一，政府应在加快转变职能，进一步激发市场活力，营造创新生态方面做更多工作，规划的指标设置应更加突出对创新创业环境建设、成果转化转移等方面的监测和引导。

指标设计主要遵循以下原则：

——继承性原则。在加强与十八大报告、十八届三中全会决定、中央六号文件、中央经济工作会议提出的目标要求，以及中长期科技规划纲要、教育规划纲要、人才规划纲要等相关指标衔接的基础上，综合形成“十三五”科技创新规划指标体系的考虑。

——系统性原则。充分体现战略导向，面向国家经济社会发展全局，指标体系的设定既要考虑自主创新能力、创新成果产出数量，也要强调创新的质量与效益，体现科技创新对经济社会发展的贡献；既要体现市场配置资源的决定性作用，又要体现政府战略引导的意图。

——可操作性原则。一是尽可能采用现行的统计调查指标，减少主观指标，保证指标数据具有较好的可获得性；二是学习借鉴国外在评价评估方面的先进成果，保证国际可比性；三是所选指标应是随着经济科技发展而变化比较显著的指标，指标口径范围必须一致，以保证同一指标在时间上的纵向可比性。

2. 具体指标

基于以上考虑，“十三五”科技创新规划提出12项指标。在创新型国家建设引导方面，提出国家综合创新能力世界排名和科技进步贡献率2项指标。在反映创新驱动发展与经济结构调整方面，提出研发经费与国内生产总值的比例、每万名就业人员的研发人力投入、高新技术企业主营业务收入、知识密集型服务业增加值占GDP比重、规模以上工业企业研发投入占主营业务收入比例5项指标。在提升自主创新能力和国际化水平方面，提出国际科学论文被引用次数世界排名、PCT国际申请量、每万人发明专利拥有量3项指标。在创新创业环境方面，选择全国技术市场合同交易总额、公民具备基本科学素质的比例2项指标（表4–2）。

表4–2 “十三五”国家科技创新规划指标与目标值

	指标	2015年指标值	2020年目标值
创新型国家建设			
1	国家综合创新能力世界排名（位）	18	15
2	科技进步贡献率（%）	55.3	60
创新驱动发展与经济结构调整			
3	研发经费与国内生产总值的比例（%）	2.06	2.5
4	每万名就业人员的研发人力投入（人年）	48.5	60
5	高新技术企业主营业务收入（万亿元）	22.2	34
6	知识密集型服务业增加值占国内生产总值的比重（%）	15.6	20
7	规模以上工业企业研发投入占主营业务收入比例（%）	0.9	1.1
自主创新能力和国际化水平			
8	国际科学论文被引用次数世界排名（位）	4	2
9	PCT国际申请量（万件）	3.05	翻一番
10	每万人发明专利拥有量（件）	6.3	12
创新创业环境			
11	全国技术市场合同交易总额（亿元）	9835	20000
12	公民具备基本科学素质的比例（%）	6.2	10

与“十二五”科技规划相比，“十三五”科技创新规划指标主要有以下特点：

一是核心指标全面涵盖。对于历次科技发展规划，甚至是国民经济和社会发展规划中被普遍采用，需要长期监测其发展态势的重要科技指标，“十三五”科技创新规划中予以了保留。例如，国家综合创新能力世界排名、科技进步贡献率、研发经费与国内生产总值的比例、每万名就业人员的研发人力投入、每万人发明专利拥有量、全国技术市场合同交易总额和公民具备基本科学素质的比例7个指标。

二是调整优化了部分指标。为进一步引导科技界更加重视科技产出质量和国际竞争力，对以往完成情况较好的总量指标、世界排名指标进行了调整优化，针对当前科技发展的薄弱环节设置了新的指标。

关于专利指标。中国国内发明专利申请量已连续6年居世界首位，国内发明专利授权量已超过日本，居世界首位，但长期以来各方反映中国专利申请多应用少、国内多国外少的问题没有得到根本解决。“十三五”时期，应更加注重强调专利产出的质量和国际竞争力。PCT即专利合作条约，申请人只要提交一件专利申请，即可在多个国家要求对发明创造进行专利保护，已成为衡量世界前沿技术、国家创新能力和技术经济价值的重要指标。为此，用“PCT国际申请量”取代了“每百名研发人员的发明专利申请量”。

关于高技术产业发展指标。考虑到2009年统计局不再公布高技术产业增加值的统计数据，用“高新技术企业主营业务收入”取代了“高技术产业增加值占制造业增加值比重”，更加系统地反映国家企业创新产出能力，引导产业发展转型升级。

三是提出了新增指标。根据国家经济社会发展对科技创新提出的新要求，进一步突出了科技创新对于经济结构调整的支撑引领作用，引入了2个新指标：

规模以上工业企业研发投入占主营业务收入比例。规模以上工业企业研发经费与主营业务收入的比值，是用来衡量企业创新能力和创新投入水平的重要指标，反映企业创新活动主体实现情况。未来要进一步强化对企业加大研发投入，特别是加大基础研究投入的引导，有力支撑国家R&D经费投入强度目标任务的完成和创新型国家建设。

知识密集型服务业增加值占国内生产总值的比重。知识密集型服务业对高技术设备和高知识素质人才的依赖度较高，知识密集型服务业增加值占国内生产总值的比重能够反映一国经济产出中的知识含量和产业结构升级状况，体现知识和技术对国家经济结构调整的引领作用。

国家创新指数报告2016—2017

国别分析

第二部分

阿根廷

南美洲国家。人口4342万人，国土面积约278万平方千米，GDP总量5831.7亿美元，人均GDP 13432美元，为中高收入国家。单位能耗产出6.51美元/千克标准油；R&D经费投入33.6亿美元；R&D经费投入强度为0.59%；SCI收录论文9359篇；PCT专利申请数29件；高技术产业出口占制造业出口比重为9.01%。

阿根廷国家创新指数综合排名第40位，与上年持平。5个一级指标中，创新资源排名第35位，与上年持平；知识创造排名第37位，较上年下降1位；企业创新排名第40位，与上年持平；创新绩效排名第34位，与上年持平；创新环境排名第39位，较上年提升1位。

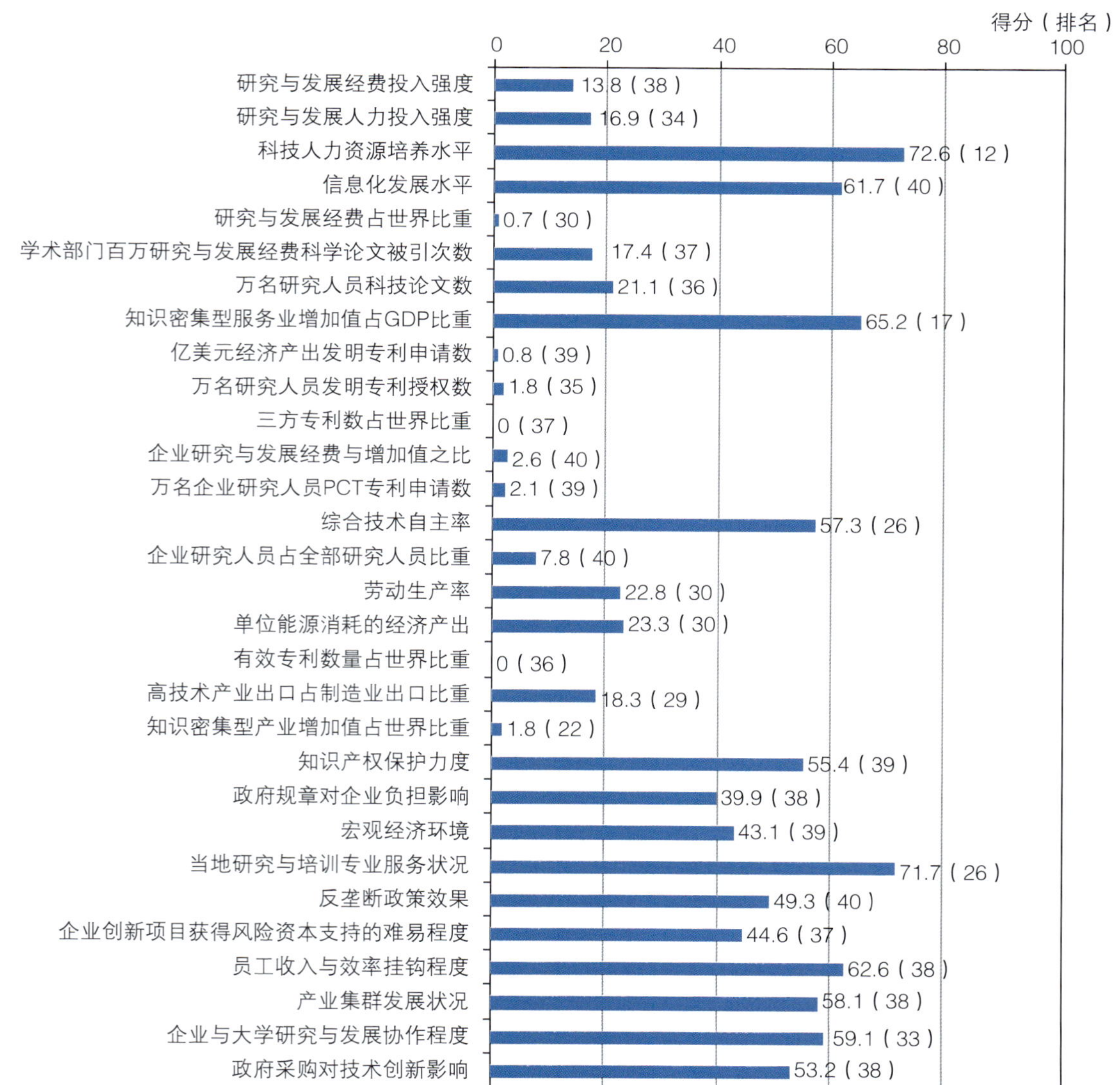

澳大利亚

大洋洲国家。人口2378万人，国土面积约762万平方千米，GDP总量13391.4亿美元，人均GDP 56311美元，为高收入国家。单位能耗产出11.30美元/千克标准油；R&D经费投入323.1亿美元；R&D经费投入强度为2.11%；SCI收录论文6.6万篇；PCT专利申请数1741件；高技术产业出口占制造业出口比重为13.51%。

澳大利亚国家创新指数综合排名第19位，与上年持平。5个一级指标中，创新资源排名第15位，比上年下滑3位；知识创造排名第9位，较上年上升1位；企业创新排名第28位，与上年持平；创新绩效排名第13位，比上年下滑1位；创新环境排名第23位，比上年下滑3位。

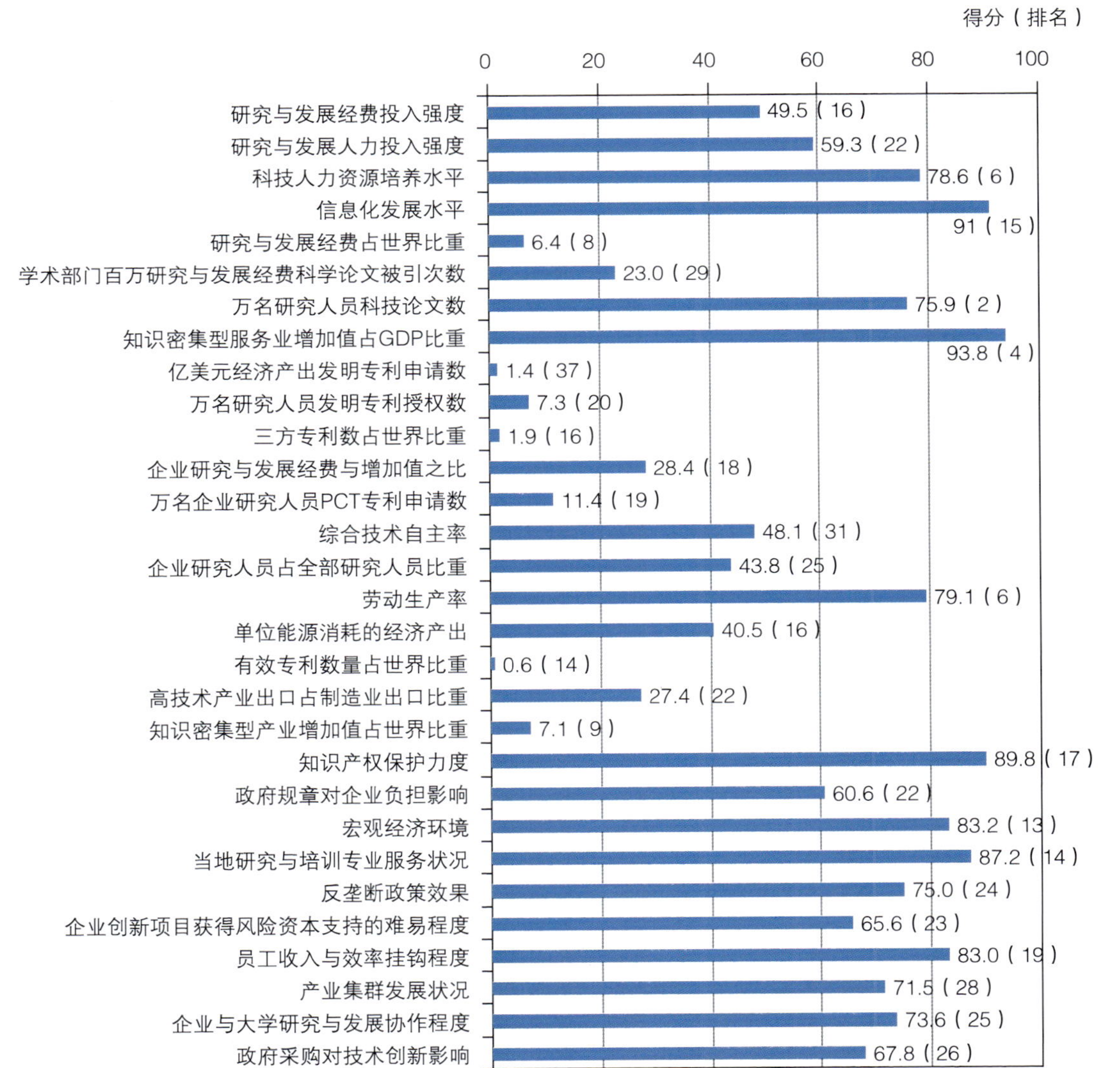

奥地利

欧洲国家。人口861万人，国土面积约8.4万平方千米，GDP总量3769.5亿美元，人均GDP 43775美元，为高收入国家。单位能耗产出13.67美元/千克标准油；R&D经费投入115.8亿美元；R&D经费投入强度为3.07%；SCI收录论文1.6万篇；PCT专利申请数1399件；高技术产业出口占制造业出口比重为13.35%。

奥地利国家创新指数综合排名第14位，比上年上升1位。5个一级指标中，创新资源排名第8位，与上年持平；知识创造排名第27位，比上年提升2位；企业创新排名第9位，比上年提升1位；创新绩效排名第18位，比上年下降1位；创新环境排名第18位，比上年提升5位。

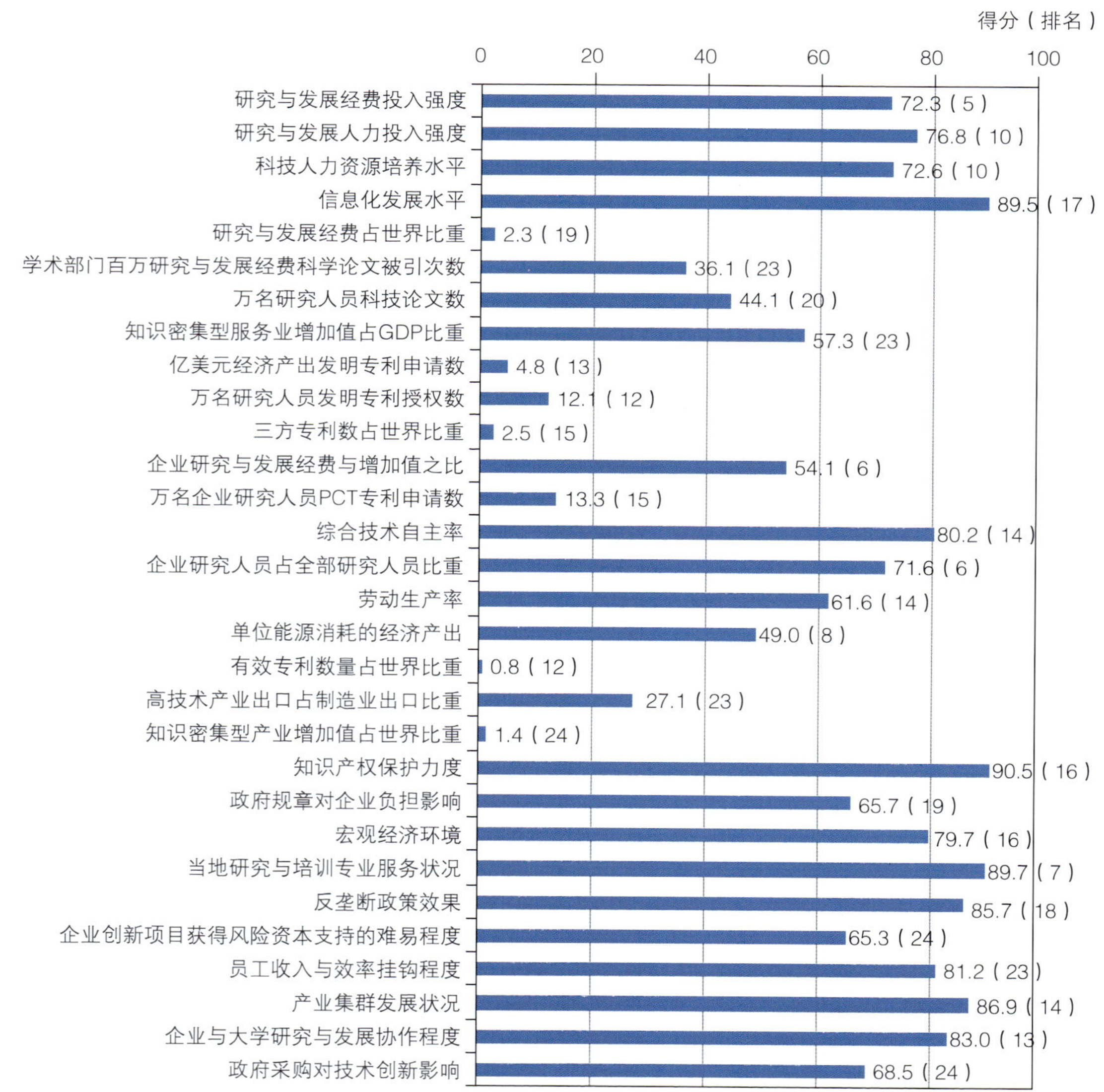

比利时

欧洲国家。人口1129万人，国土面积约3.1万平方千米，GDP总量4550.9亿美元，人均GDP 40324美元，为高收入国家。单位能耗产出9.84美元/千克标准油；R&D经费投入112亿美元；R&D经费投入强度为2.45%；SCI收录论文2.3万篇；PCT专利申请数1180件；高技术产业出口占制造业出口比重为13.02%。

比利时国家创新指数综合排名第18位，比上年下降2位。5个一级指标中，创新资源排名第16位，与上年持平；知识创造排名第11位，比上年下降2位；企业创新排名第16位，与上年持平；创新绩效排名第19位，与上年持平；创新环境排名第14位，比上年上升2位。

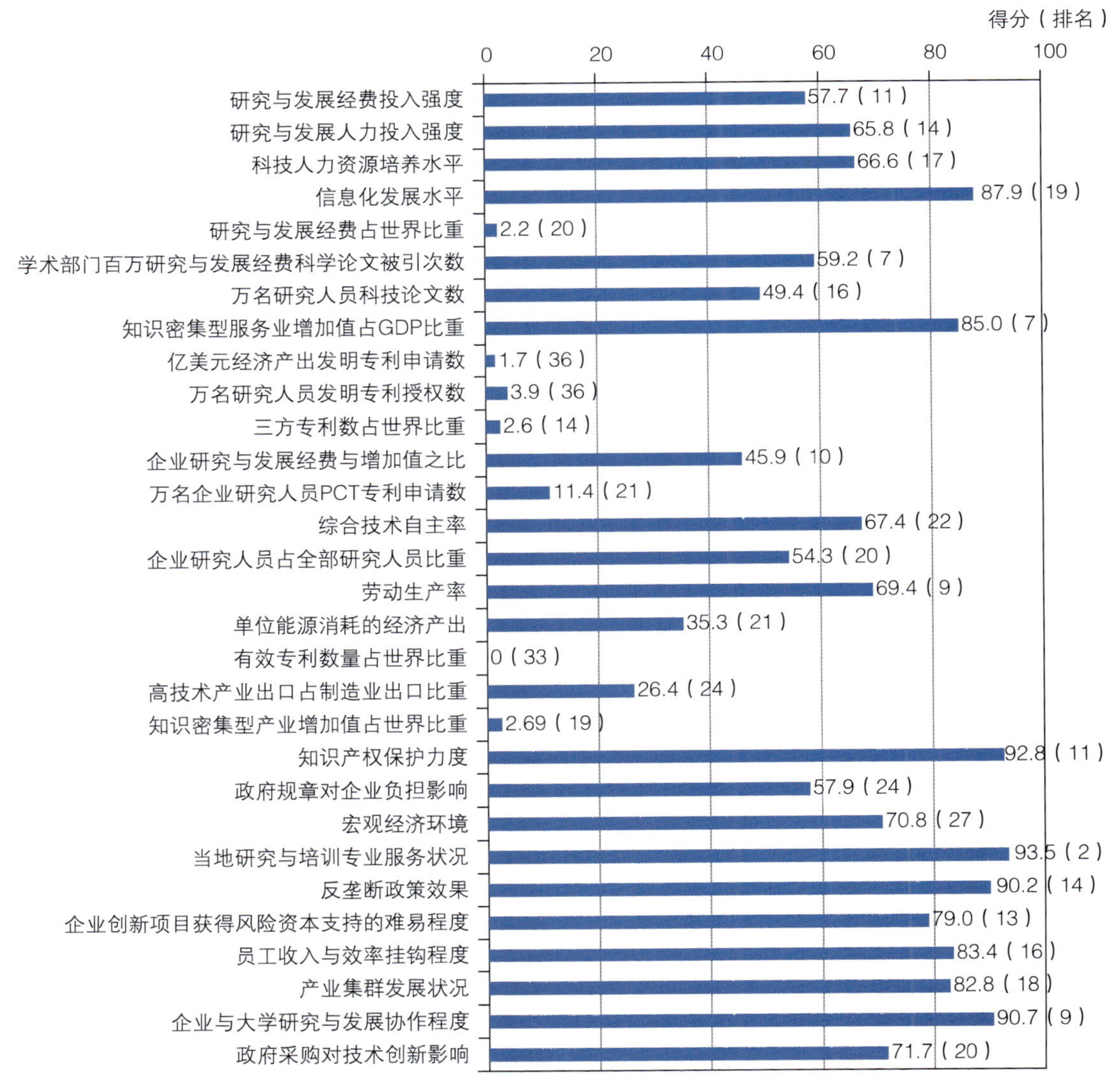

巴西

南美洲国家。人口约2.08亿人，国土面积约854.7万平方千米，GDP总量17747.3亿美元，人均GDP 8539美元，为中高收入国家。单位能耗产出8.16美元/千克标准油；R&D经费投入295.7亿美元；R&D经费投入强度为1.67%；SCI收录论文4.4万篇；PCT专利申请数548件；高技术产业出口占制造业出口比重为12.31%。

巴西国家创新指数综合排名第39位，与上年持平。5个一级指标中，创新资源排名第36位，与上年持平；知识创造排名第39位，与上年持平；企业创新排名第38位，与上年持平；创新绩效排名第32位，比上年下降1位；创新环境排名第38位，与上年持平。

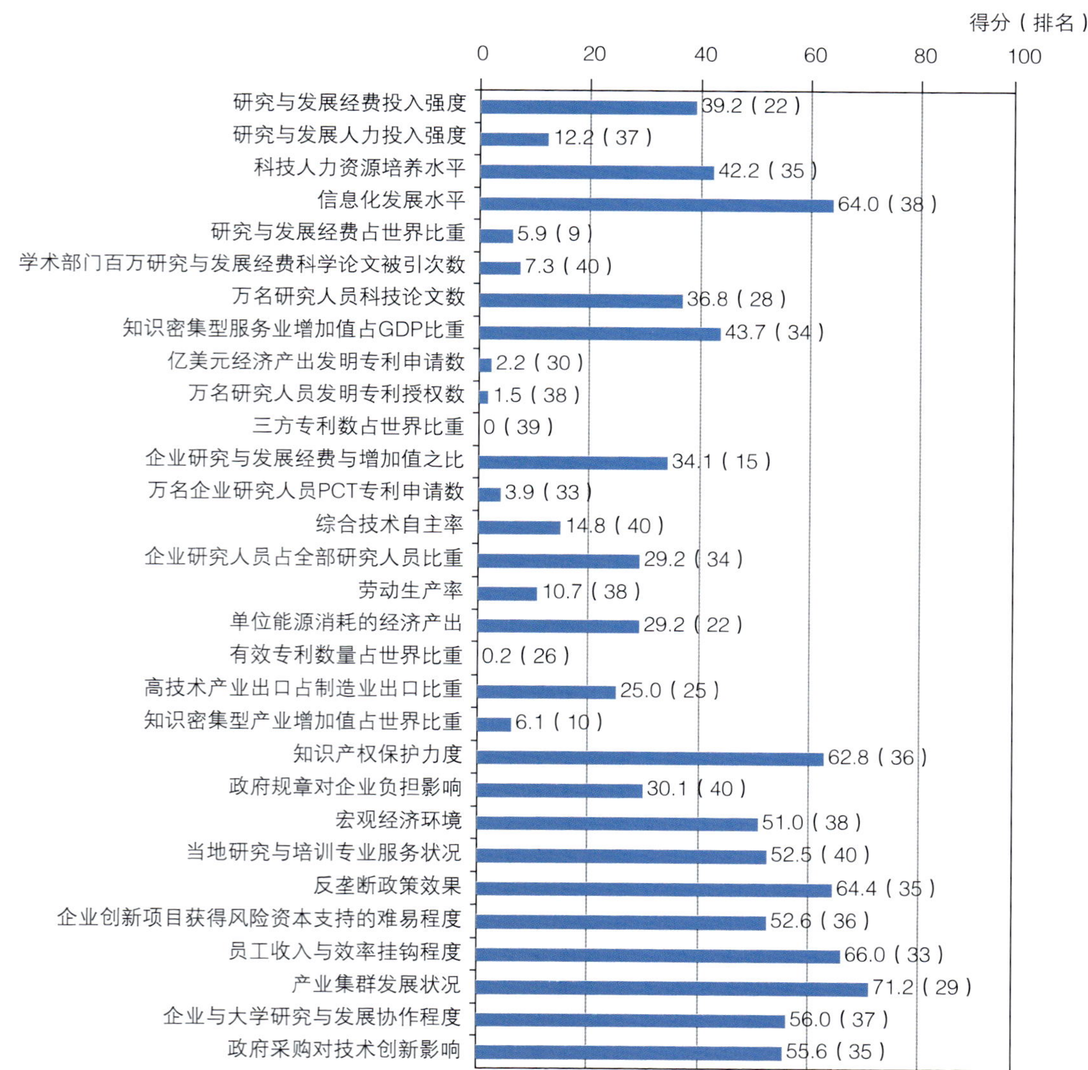

加拿大

北美洲国家。人口3585万人，国土面积约998.5万平方千米，GDP总量15505.4亿美元，人均GDP 43249美元，为高收入国家。单位能耗产出6.92美元/千克标准油；R&D经费投入287.7亿美元；R&D经费投入强度为1.60%；SCI收录论文7.0万篇；PCT专利申请数2821件；高技术产业出口占制造业出口比重为13.83%。

加拿大国家创新指数综合排名第23位，比上年下降3位。5个一级指标中，创新资源排名第21位，比上年下降2位；知识创造排名第22位，比上年下降4位；企业创新排名第21位，比上年上升1位；创新绩效排名第21位，比上年下降1位；创新环境排名第19位，比上年下降6位。

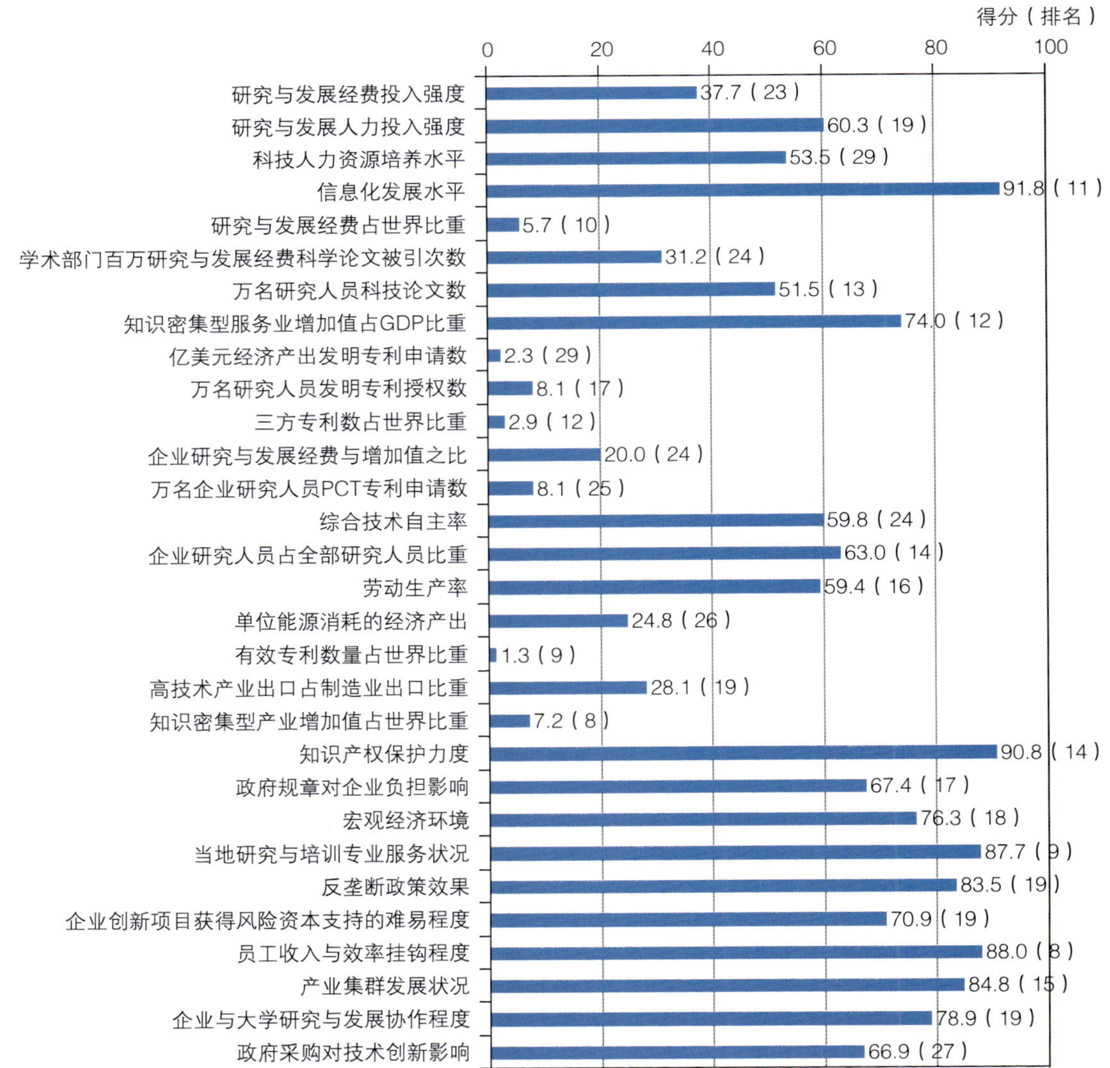

中国

亚洲国家。人口13.71亿人，国土面积约963万平方千米，GDP总量110077.2亿美元，人均GDP 8028美元，为中高收入国家。单位能耗产出3.45美元/千克标准油；R&D经费投入2275.4亿美元，仅次于美国，居世界第2位；R&D经费投入强度为2.06%；SCI收录论文28万篇；PCT专利申请数2.56万件；高技术产业出口占制造业出口比重为25.75%。

中国国家创新指数综合排名第17位，比上年提高1位，是唯一进入前20位的发展中国家，大幅超越处于同一经济发展水平的国家。5个一级指标中，创新资源排名第28位，比上年下降1位；知识创造排名第8位，较上年大幅提升4位；企业创新排名第11位，比上年提升1位；创新绩效排名第12位，比上年下降1位；创新环境排名第20位，比上年下降1位。

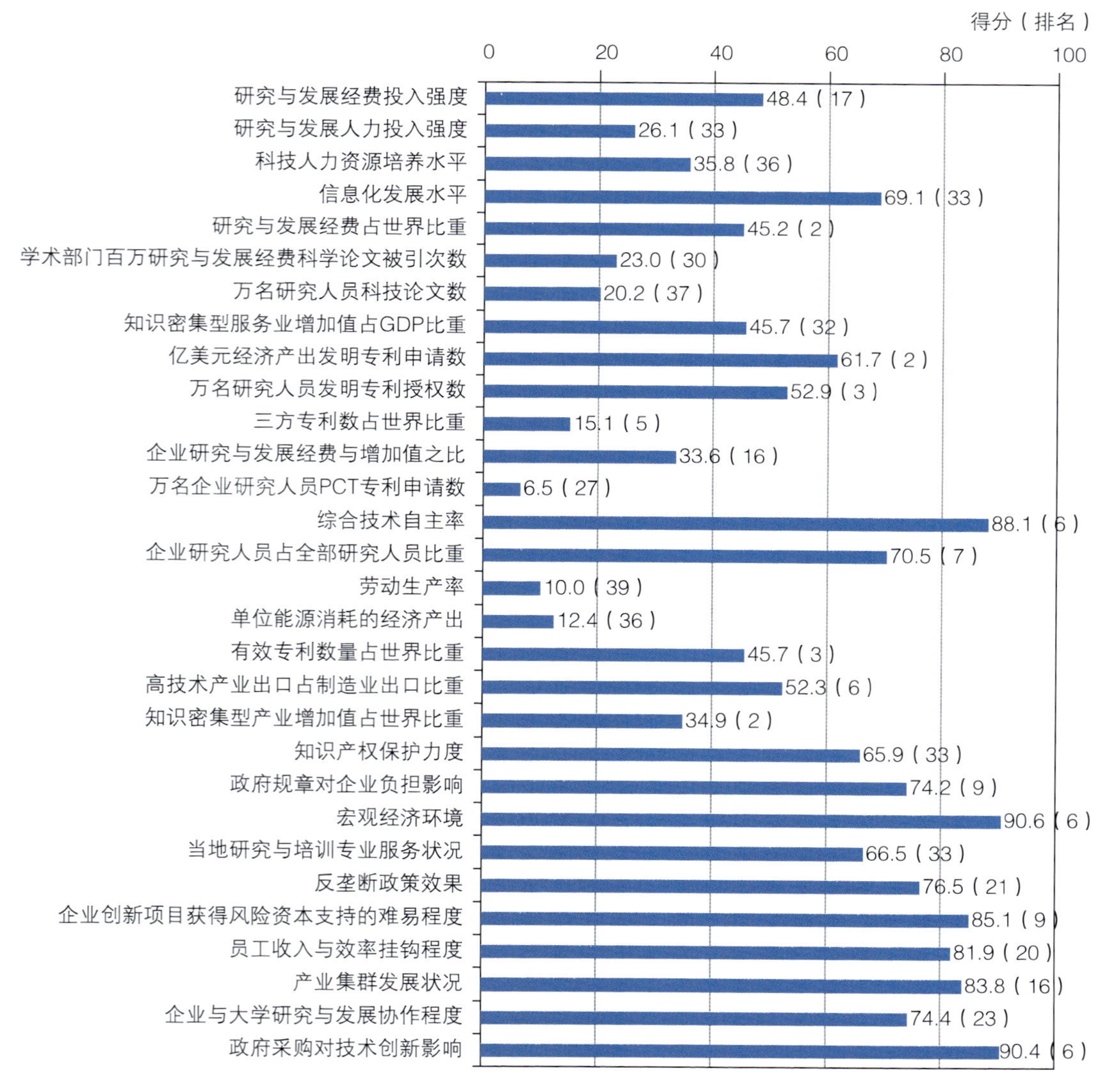

捷克

欧洲国家。人口1055万人，国土面积约7.9万平方千米，GDP总量1851.2亿美元，人均GDP 17548美元，为高收入国家。单位能耗产出5.0美元/千克标准油；R&D经费投入36亿美元；R&D经费投入强度为1.95%；SCI收录论文1.3万篇；PCT专利申请数191件；高技术产业出口占制造业出口比重为14.9%。

捷克国家创新指数综合排名第27位，与上年持平。5个一级指标中，创新资源排名第23位，比上年下降2位；知识创造排名第31位，与上年持平；企业创新排名第20位，比上年上升3位；创新绩效排名第29位，比上年上升1位；创新环境排名第26位，比上年下降2位。

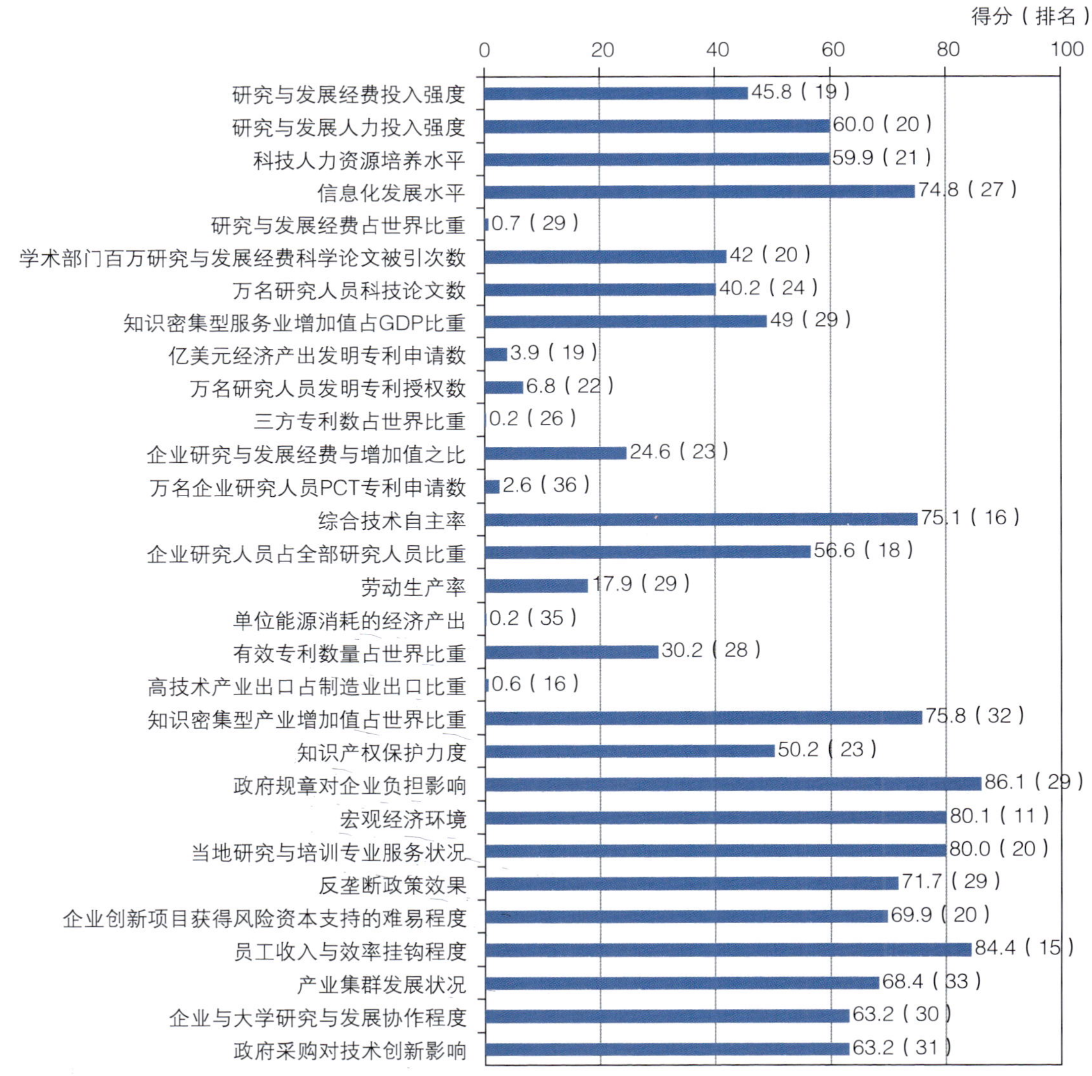

丹麦

欧洲国家。人口567.6万人，国土面积约4.3万平方千米，GDP总量2950.9亿美元，人均GDP 51989美元，为高收入国家。单位能耗产出21.12美元/千克标准油；R&D经费投入89.2亿美元；R&D经费投入强度为2.96%；SCI收录论文1.9万篇；PCT专利申请数1327件；高技术产业出口占制造业出口比重为15.96%。

丹麦国家创新指数综合排名第5位，与上年持平。5个一级指标中，创新资源排名第5位，与上年持平；知识创造排名第19位，比上年上升2位；企业创新排名第12位，比上年下降1位；创新绩效排名第8位，比上年上升1位；创新环境排名第16位，比上年上升1位。

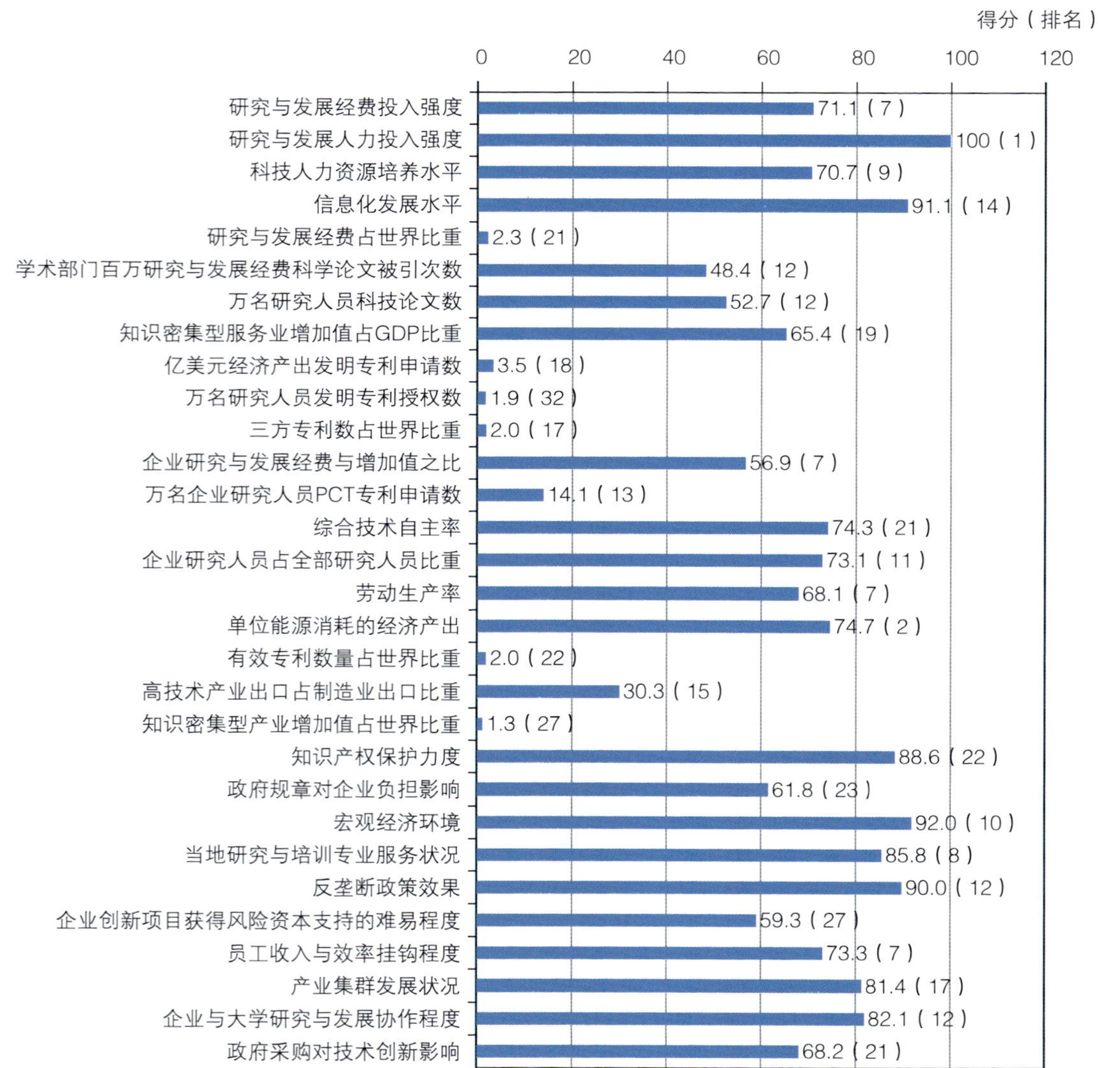

芬兰

欧洲国家。人口548.2万人，国土面积约33.8万平方千米，GDP总量2319.5亿美元，人均GDP 42311美元，为高收入国家。单位能耗产出7.96美元/千克标准油；R&D经费投入67.3亿美元；R&D经费投入强度为2.90%；SCI收录论文1.4万篇；PCT专利申请数1584件；高技术产业出口占制造业出口比重为8.7%。

芬兰国家创新指数综合排名第11位，比上年上升1位。5个一级指标中，创新资源排名第4位，比上年下降1位；知识创造排名第28位，比上年上升2位；企业创新排名第10位，比上年下降2位；创新绩效排名第23位，与上年持平；创新环境排名第3位，比上年上升5位。

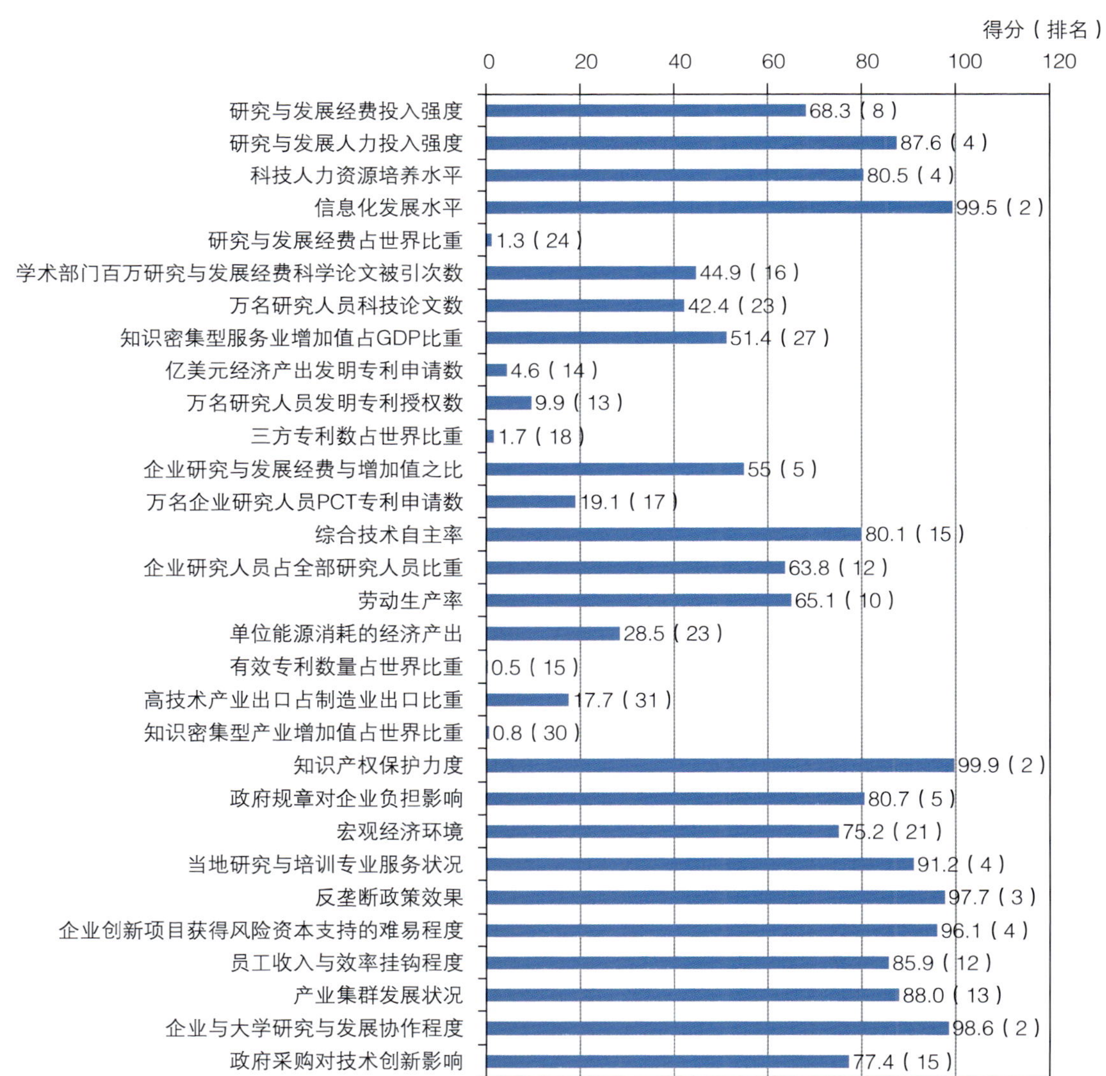

法国

欧洲国家。人口6680.8万人，国土面积约67.3万平方千米，GDP总量24188.4亿美元，人均GDP 36206美元，为高收入国家。单位能耗产出11.73美元/千克标准油；R&D经费投入539.5亿美元；R&D经费投入强度为2.23%；SCI收录论文7.6万篇；PCT专利申请数8421件；高技术产业出口占制造业出口比重为26.85%。

法国国家创新指数综合排名第12位，比上年下降1位。5个一级指标中，创新资源排名第18位，比上年下降1位；知识创造排名第21位，比上年上升3位；企业创新排名第5位，比上年上升1位；创新绩效排名第9位，比上年下降1位；创新环境排名第22位，比上年下降4位。

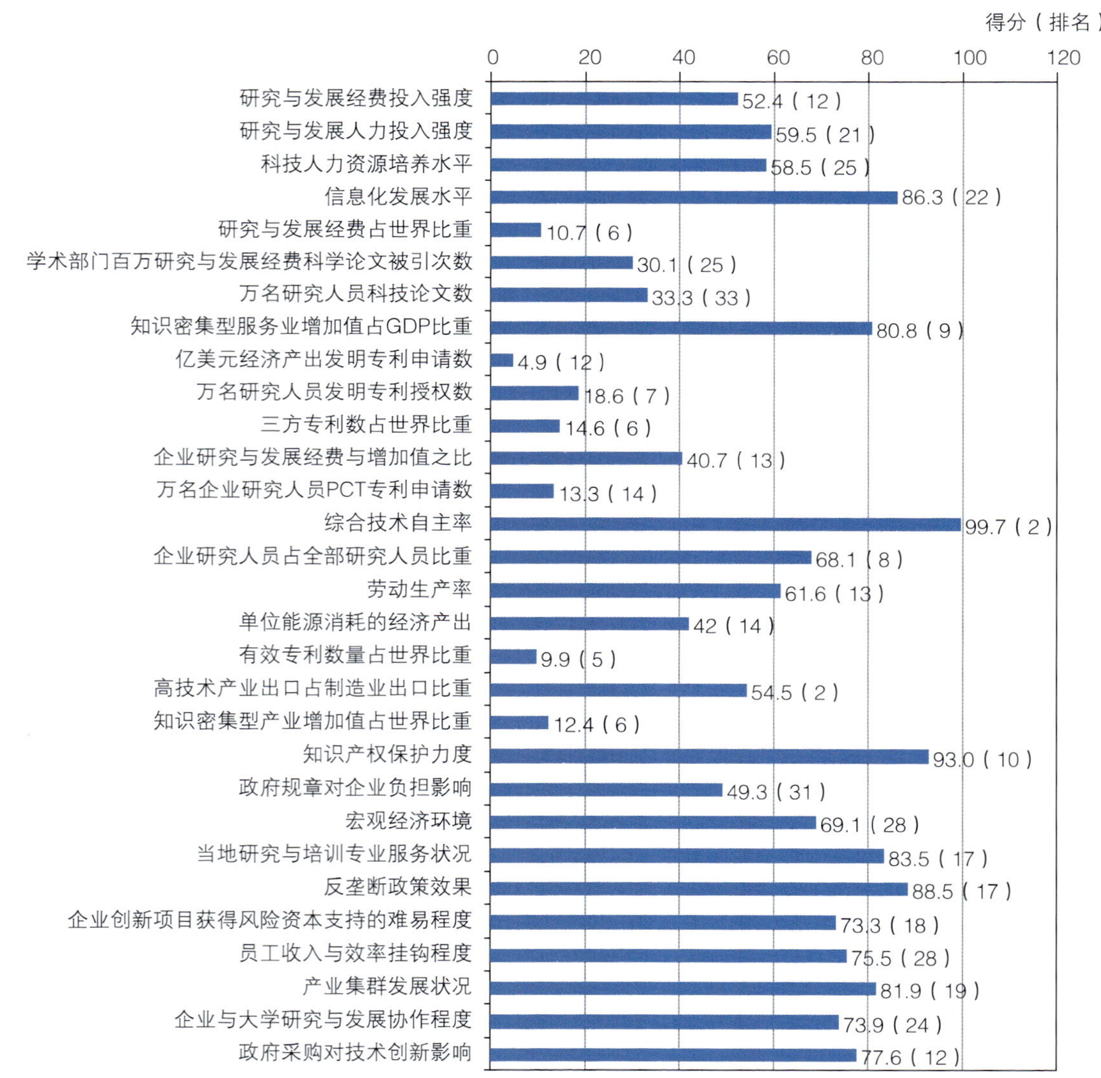

德国

欧洲国家。人口8141万人，国土面积约35.7万平方千米，GDP总量33634.8亿美元，人均GDP 41313美元，为高收入国家。单位能耗产出12.78美元/千克标准油；R&D经费投入967亿美元；R&D经费投入强度为2.87%；SCI收录论文11万篇；PCT专利申请数1.8万件；高技术产业出口占制造业出口比重为16.7%。

德国国家创新指数综合排名第7位，比上年下降1位。5个一级指标中，创新资源排名第9位，与上年持平；知识创造排名第25位，比上年上升1位；企业创新排名第6位，比上年下降1位；创新绩效排名第14位，比上年下降4位；创新环境排名第7位，比上年上升2位。

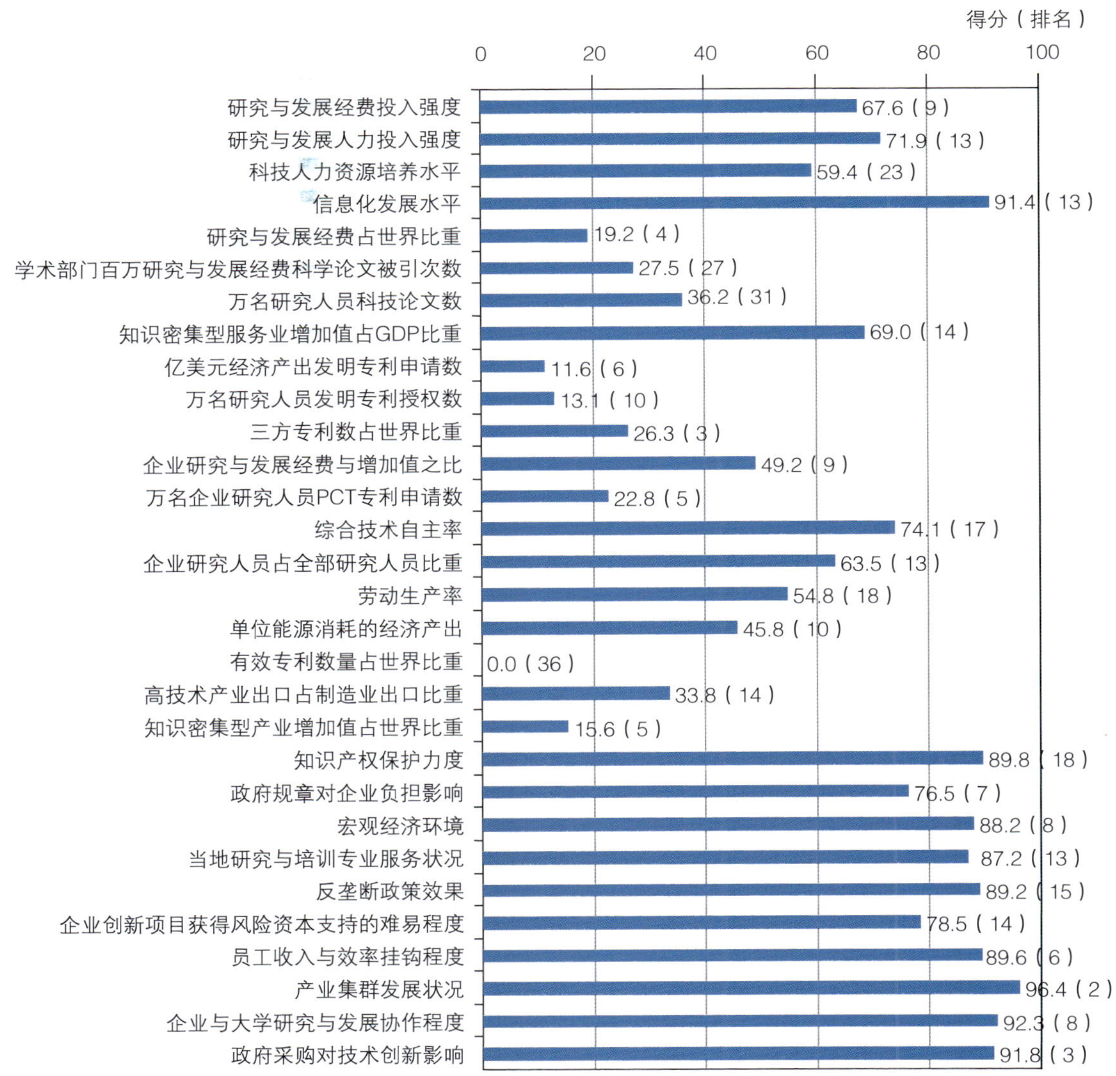

希腊

欧洲国家。人口1082万人，国土面积约13.2万平方千米，GDP总量1948.5亿美元，人均GDP 18002美元，为高收入国家。单位能耗产出10.51美元/千克标准油；R&D经费投入18.7亿美元；R&D经费投入强度为0.96%；SCI收录论文1.1万篇；PCT专利申请数121件；高技术产业出口占制造业出口比重为10.99%。

希腊国家创新指数综合排名第31位，与上年持平。5个一级指标中，创新资源排名第25位，比上年下降1位；知识创造排名第30位，比上年下降5位；企业创新排名第32位，比上年下降1位；创新绩效排名第26位，与上年持平；创新环境排名第40位，比上年下降1位。

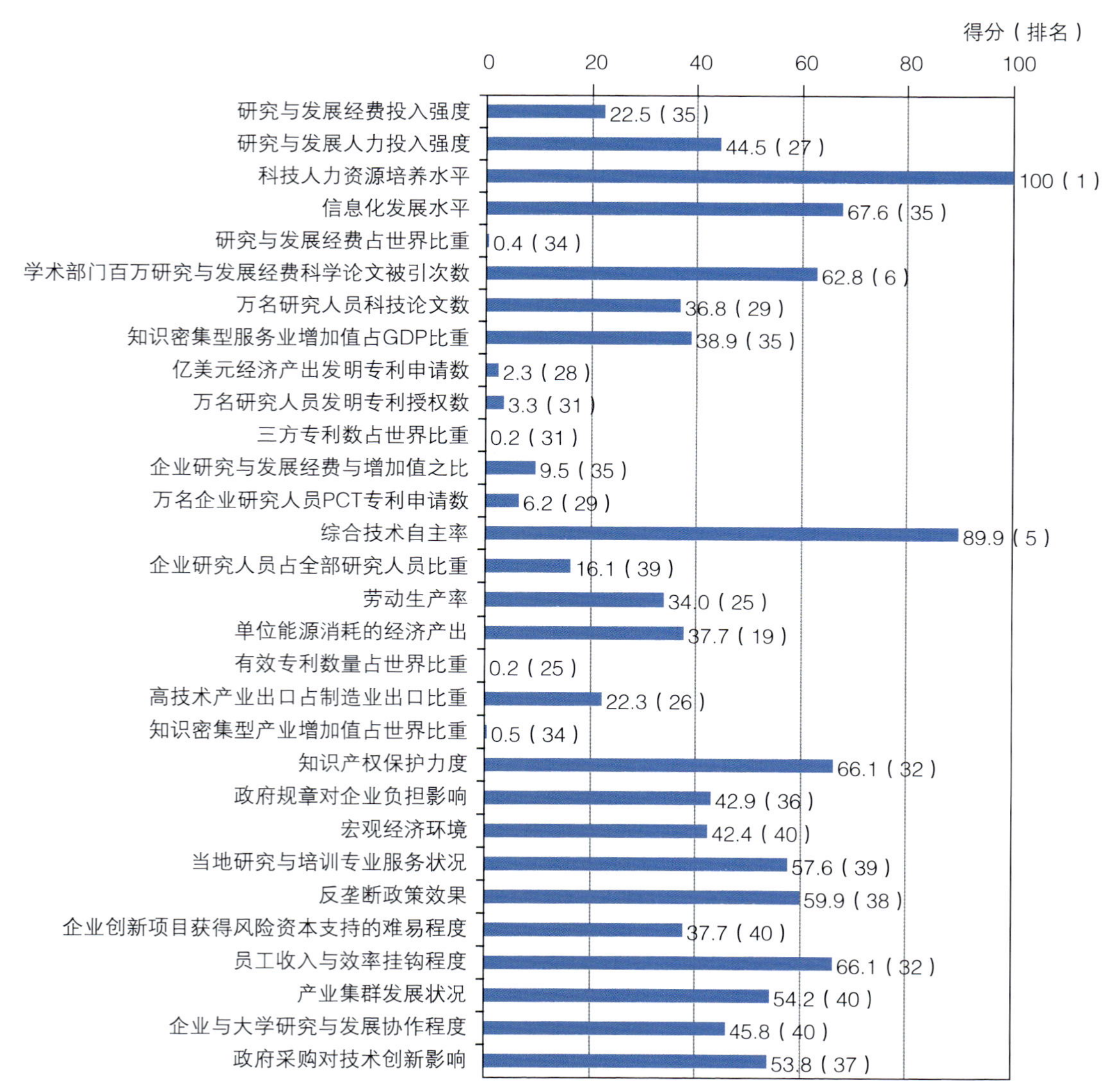

匈牙利

欧洲国家。人口985万人，国土面积约9.3万平方千米，GDP总量1217.2亿美元，人均GDP 12364美元，为中高收入国家。单位能耗产出6.16美元/千克标准油；R&D经费投入16.8亿美元；R&D经费投入强度为1.38%；SCI收录论文7334篇；PCT专利申请数148件；高技术产业出口占制造业出口比重为13.74%。

匈牙利国家创新指数综合排名第29位，与上年持平。5个一级指标中，创新资源排名第32位，比上年下降2位；知识创造排名第12位，比上年上升2位；企业创新排名第30位，比上年下降1位；创新绩效排名第23位，比上年上升6位；创新环境排名第36位，比上年下降1位。

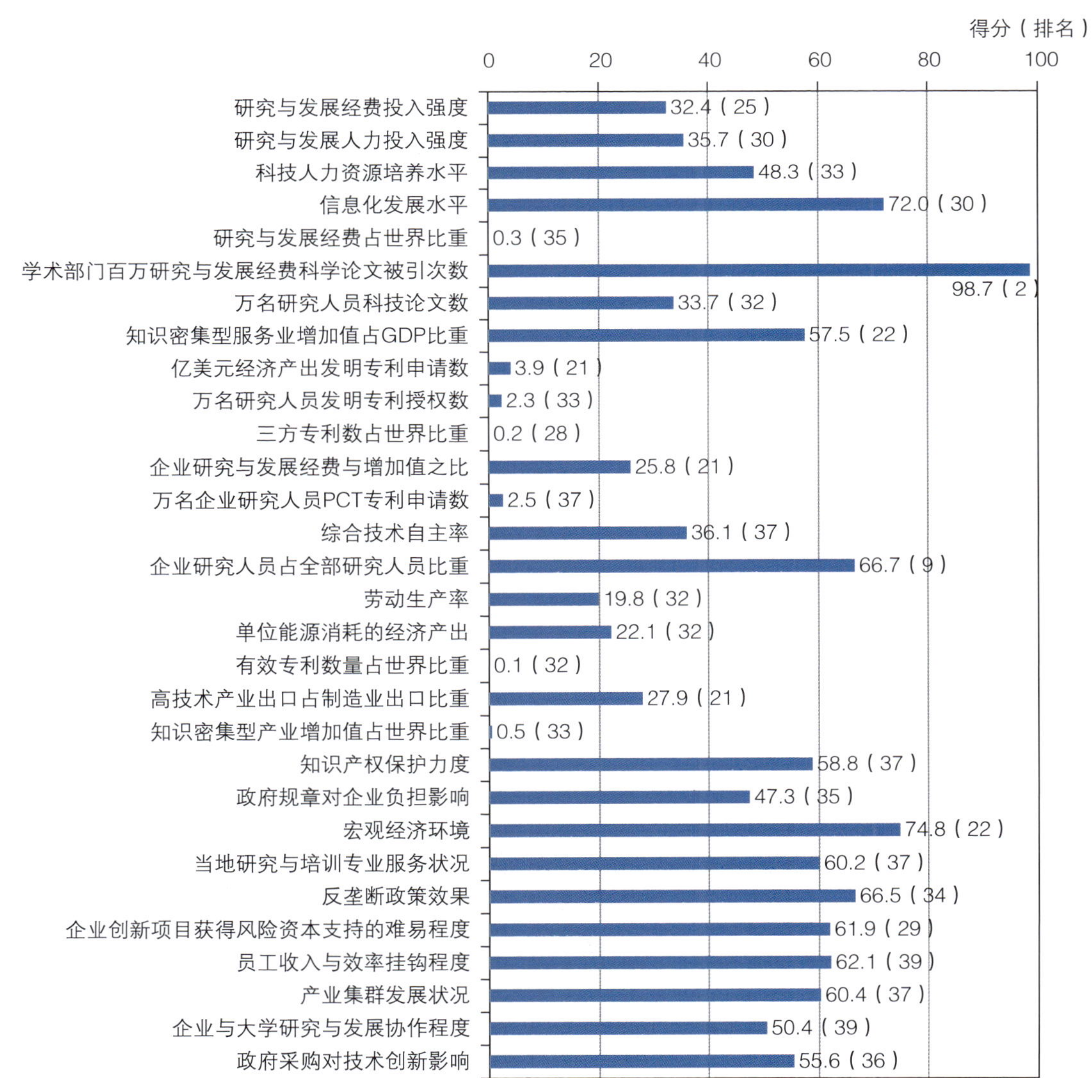

冰岛

欧洲国家。人口33万人，国土面积约10.3万平方千米，GDP总量166亿美元，人均GDP 50173美元，为高收入国家。单位能耗产出2.96美元/千克标准油；R&D经费投入3.7亿美元；R&D经费投入强度为2.19%；SCI收录论文1148篇；PCT专利申请数46件；高技术产业出口占制造业出口比重为19.90%。

冰岛国家创新指数综合排名第21位，比上年上升5位。5个一级指标中，创新资源排名第11位，比上年上升15位；知识创造排名第24位，比上年下降2位；企业创新排名第26位，比上年上升6位；创新绩效排名第22位，比上年上升3位；创新环境排名第17位，比上年上升4位。

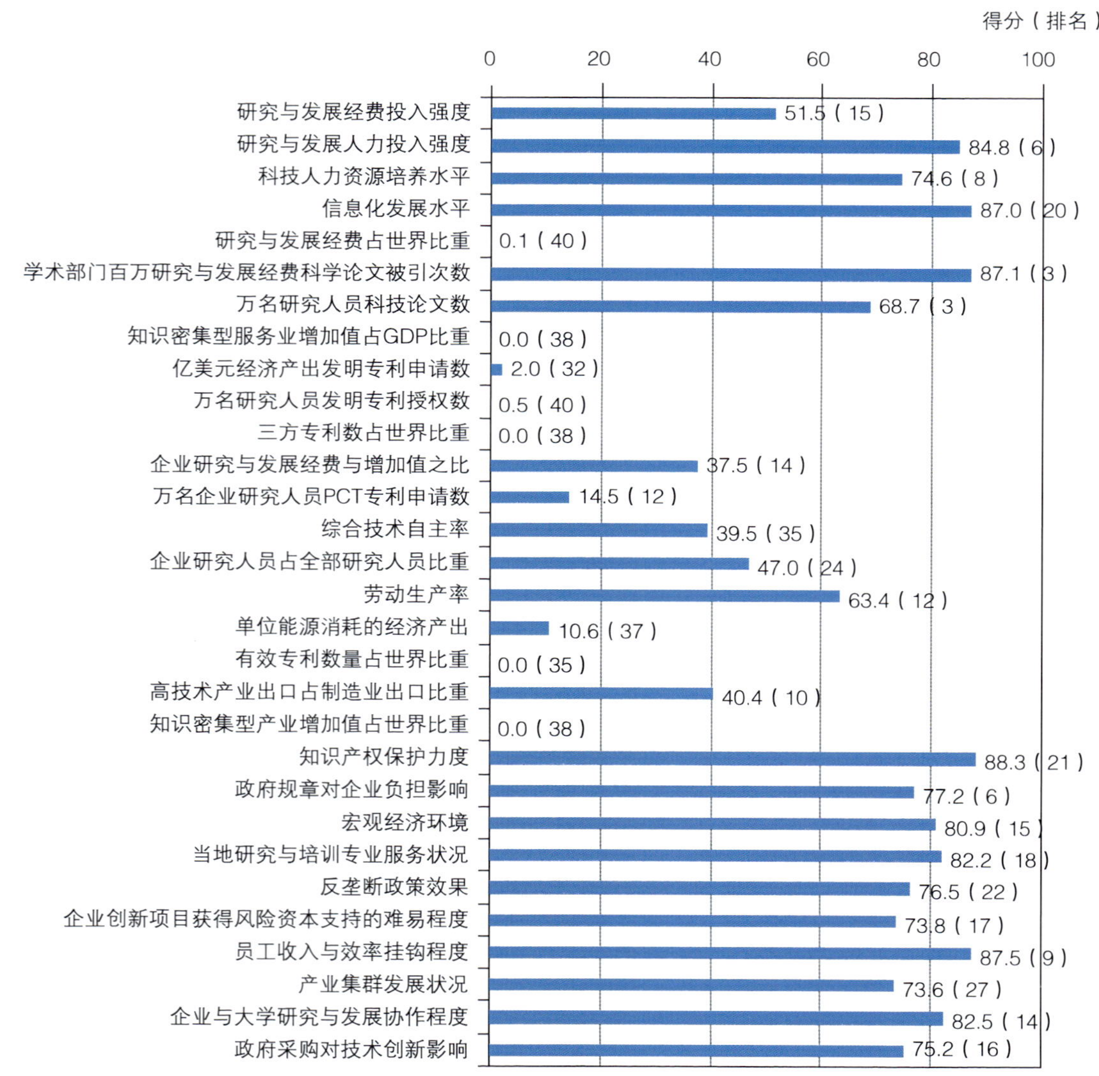

印度

亚洲国家。人口13.1亿人，国土面积约298万平方千米，GDP总量20954亿美元，人均GDP 1598美元，为中低收入国家。单位能耗产出2.60美元/千克标准油；R&D经费投入167.3亿美元；R&D经费投入强度为0.80%；SCI收录论文62326篇；PCT专利申请数1412件；高技术产业出口占制造业出口比重为7.52%。

印度国家创新指数综合排名第38位，与上年持平。5个一级指标中，创新资源排名第39位，比上年下降1位；知识创造排名第33位，与上年持平；企业创新排名第39位，与上年持平；创新绩效排名第40位，与上年持平；创新环境排名第21位，比上年上升4位。

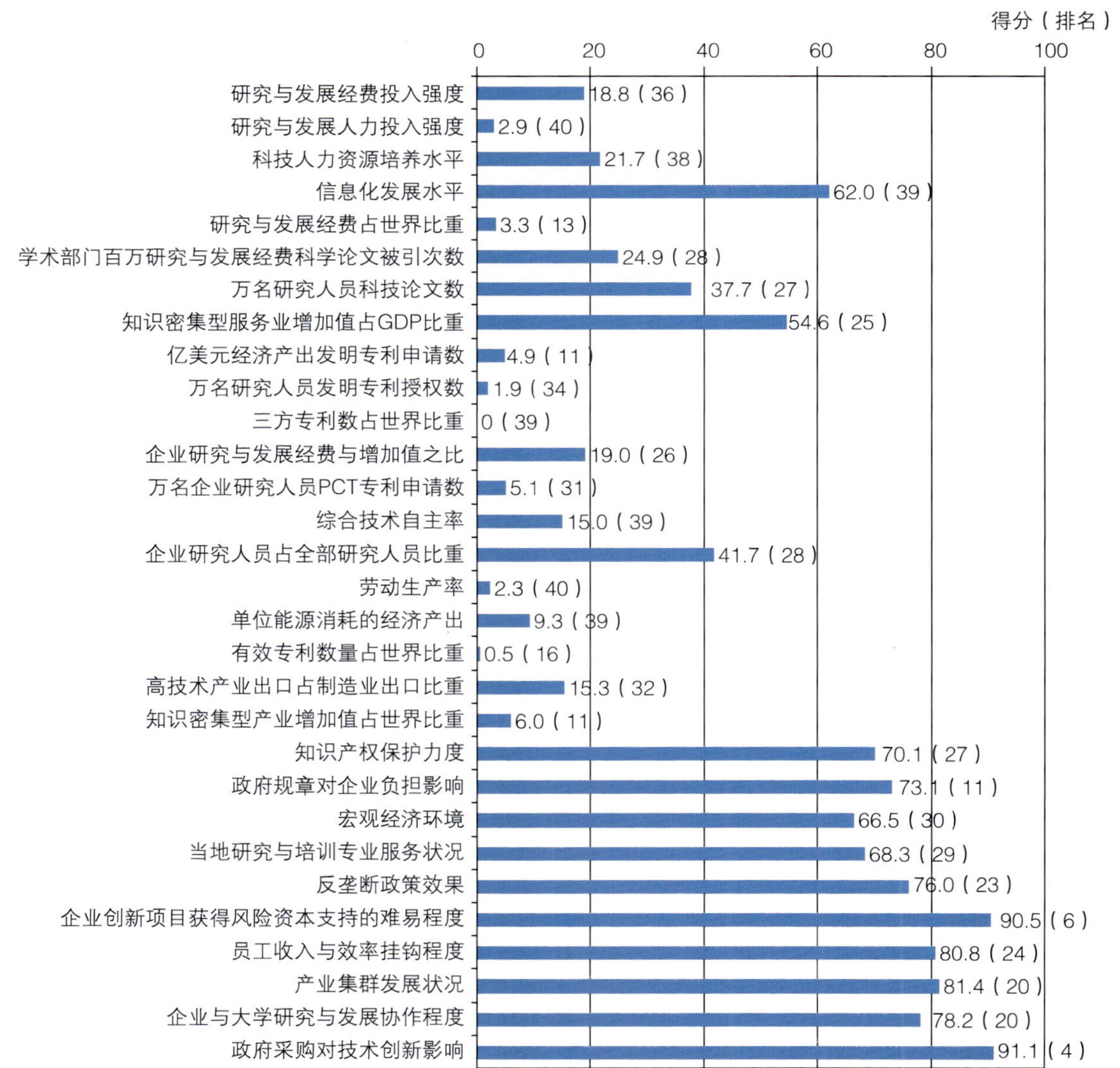

爱尔兰

欧洲国家。人口464.1万人，国土面积约7万平方千米，GDP总量2837亿美元，人均GDP 61134美元，为高收入国家。单位能耗产出20.06美元/千克标准油；R&D经费投入38.8亿美元；R&D经费投入强度为1.51%；SCI收录论文8574篇；PCT专利申请数453件；高技术产业出口占制造业出口比重为26.76%。

爱尔兰国家创新指数综合排名第16位，比上年上升1位。5个一级指标中，创新资源排名第20位，比上年上升13位；知识创造排名第18位，比上年下降13位；企业创新排名第31位，比上年下降10位；创新绩效排名第4位，比上年上升2位；创新环境排名第12位，比上年上升2位。

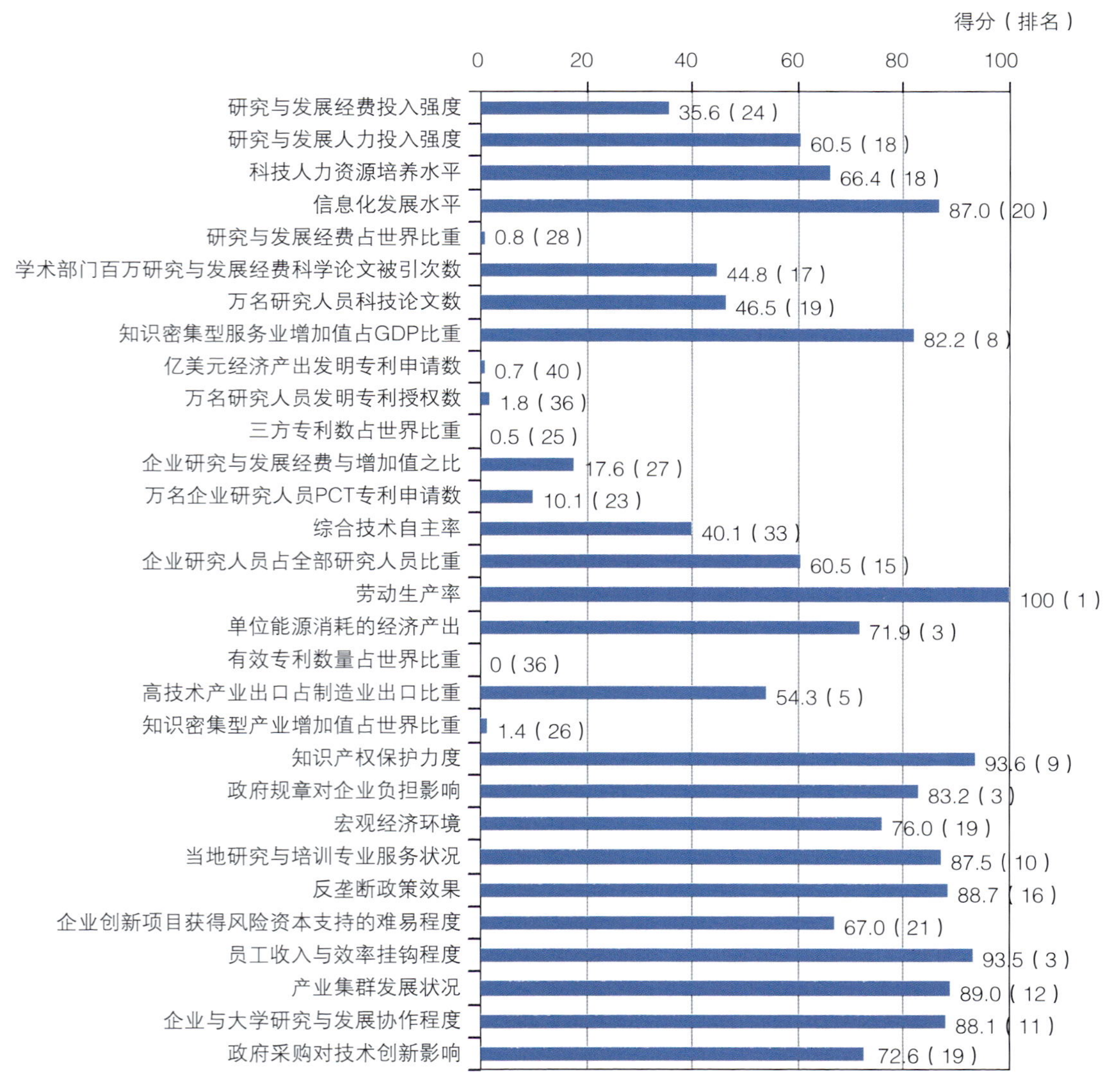

以色列

亚洲国家。人口838万人，国土面积约2.6万平方千米，GDP总量2994.2亿美元，人均GDP 35728美元，为高收入国家。单位能耗产出13.19美元/千克标准油；R&D经费投入127.3亿美元；R&D经费投入强度为4.25%；SCI收录论文14898篇；PCT专利申请数1685件；高技术产业出口占制造业出口比重为19.66%。

以色列国家创新指数综合排名第13位，比上年上升1位。5个一级指标中，创新资源排名第3位，比上年上升1位；知识创造排名第38位，比上年下降3位；企业创新排名第4位，与上年持平；创新绩效排名第17位，比上年上升4位；创新环境排名第13位，比上年上升2位。

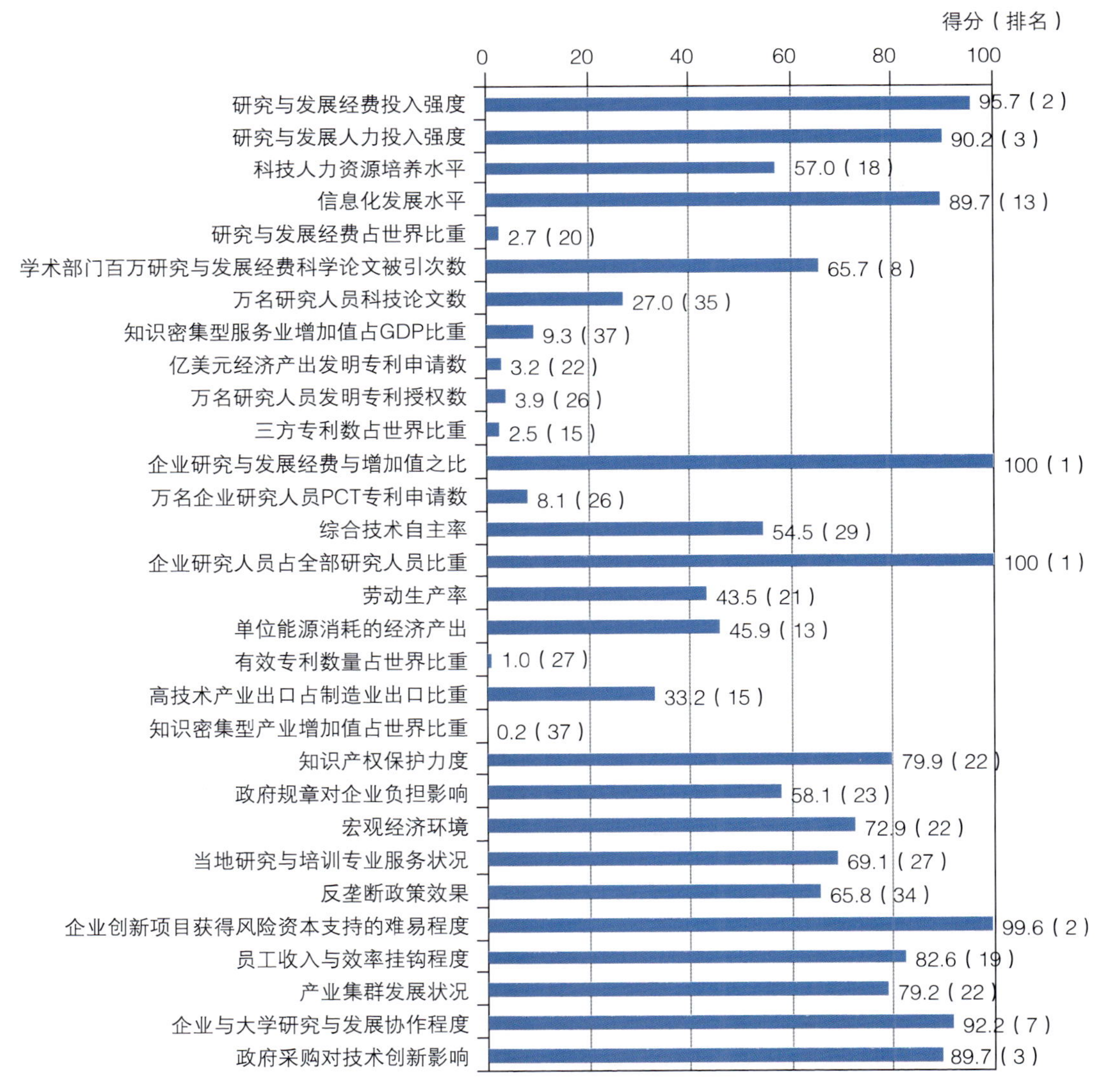

意大利

欧洲国家。人口6080.2万人，国土面积约30.1万平方千米，GDP总量18215亿美元，人均GDP 29958美元，为高收入国家。单位能耗产出14.70美元/千克标准油；R&D经费投入242.8亿美元；R&D经费投入强度为1.33%；SCI收录论文69063篇；PCT专利申请数3072件；高技术产业出口占制造业出口比重为7.34%。

意大利国家创新指数综合排名第25位，比上年下降1位。5个一级指标中，创新资源排名第30位，比上年下降1位；知识创造排名第10位，比上年上升25位；企业创新排名第18位，与上年持平；创新绩效排名第20位，比上年下降2位；创新环境排名第34位，比上年上升3位。

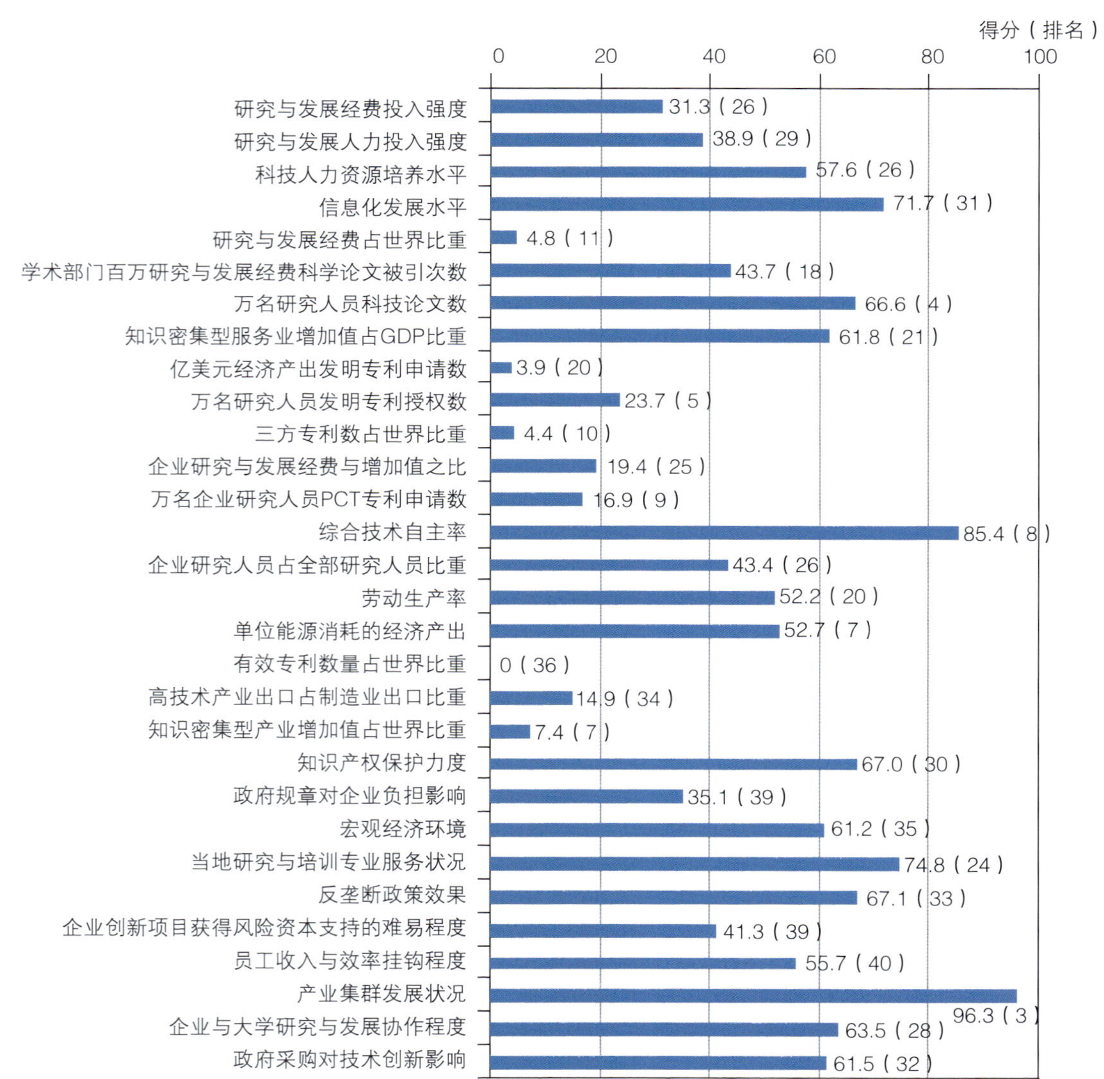

日本

亚洲国家。人口约1.27亿人，国土面积约37.8万平方千米，GDP总量43830.8亿美元，人均GDP 34524美元，为高收入国家。单位能耗产出10.99美元/千克标准油；R&D经费投入1440.5亿美元，居世界第3位；R&D经费投入强度为3.49%；SCI收录论文78669篇；PCT专利申请数44053件；高技术产业出口占制造业出口比重为16.78%。

日本国家创新指数综合排名第2位，与上年持平。5个一级指标中，创新资源排名第6位，与上年持平；知识创造排名第3位，与上年持平；企业创新排名第1位，与上年持平；创新绩效排名第3位，与上年持平；创新环境排名第15位，比上年下降4位。

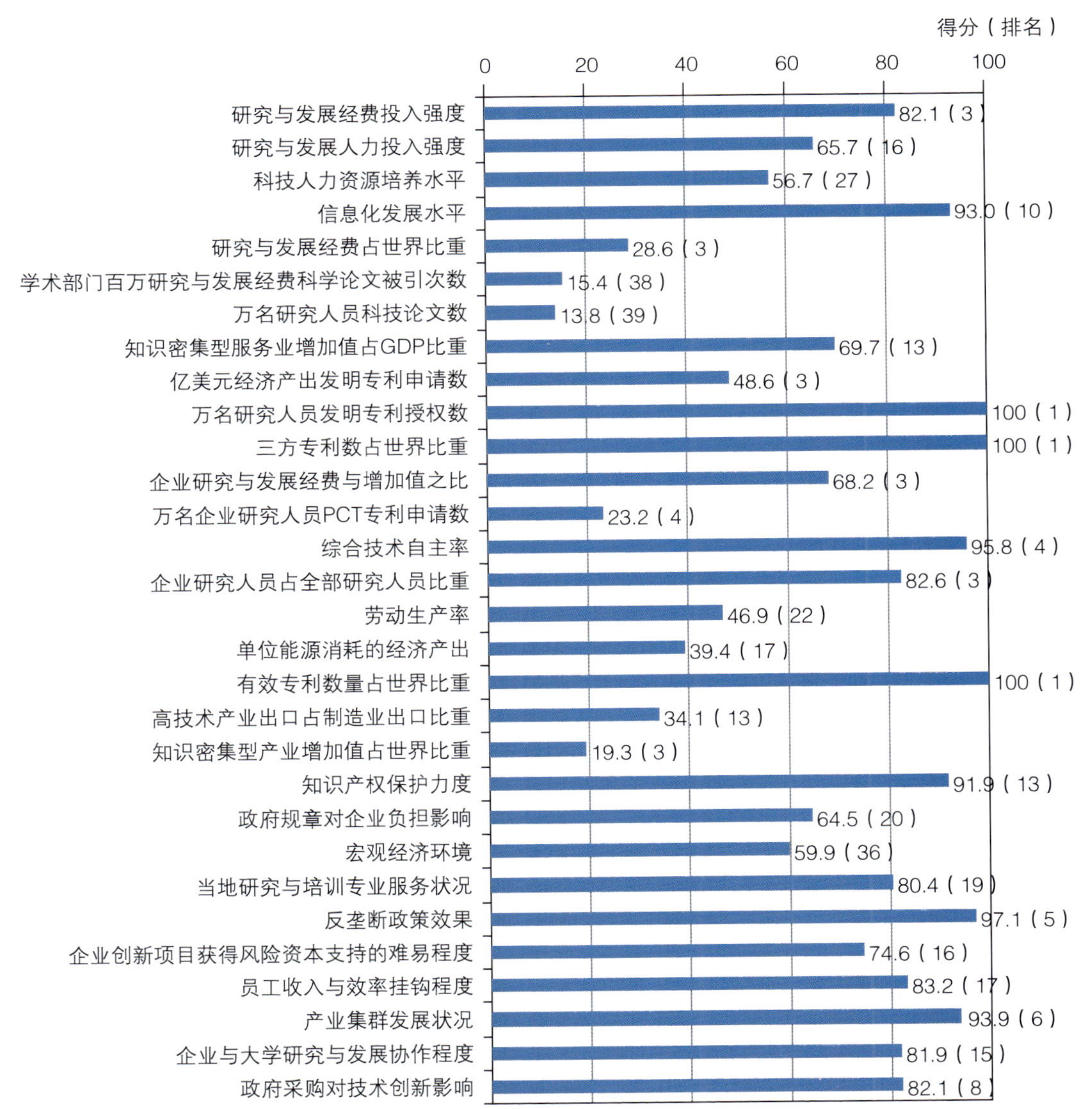

韩国

亚洲国家。人口5061.7万人，国土面积约10.0万平方千米，GDP总量13778.73亿美元，人均GDP 27222美元，为高收入国家。单位能耗产出5.32美元/千克标准油；R&D经费投入583.1亿美元；R&D经费投入强度为4.23%；SCI收录论文58473篇；PCT专利申请数14564件；高技术产业出口占制造业出口比重为26.84%。

韩国国家创新指数综合排名第4位，与上年持平。5个一级指标中，创新资源排名第2位，与上年持平；知识创造排名第1位，与上年持平；企业创新排名第3位，与上年持平；创新绩效排名第11位，比上年上升4位；创新环境排名第24位，比上年下降2位。

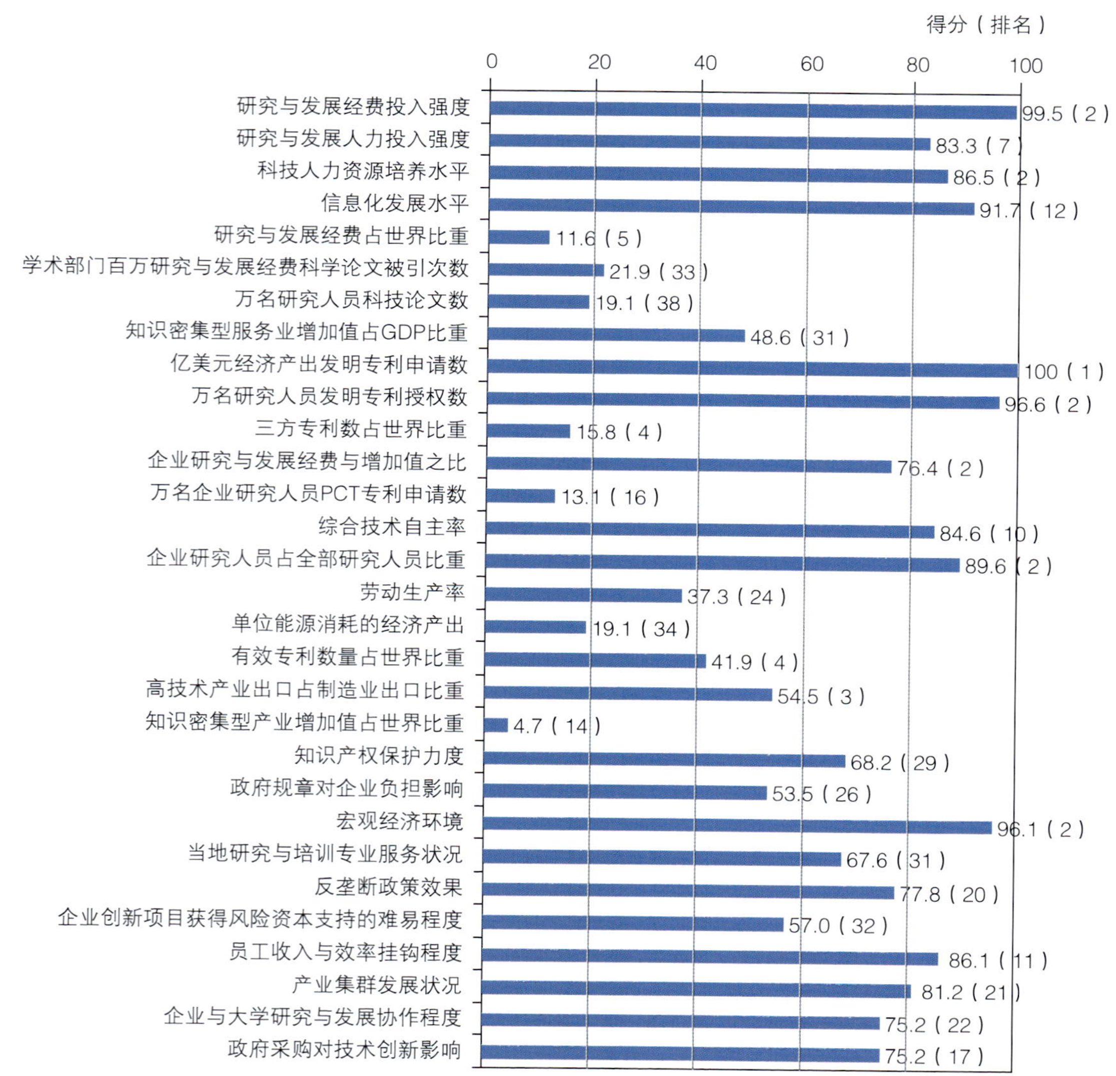

卢森堡

欧洲国家。人口57.0万人，国土面积约2586.4平方千米，GDP总量577.9亿美元，人均GDP 101450美元，为高收入国家。单位能耗产出17.12美元/千克标准油；R&D经费投入7.44亿美元；R&D经费投入强度为1.31%；SCI收录论文1168篇；PCT专利申请数403件；高技术产业出口占制造业出口比重为6.82%。

卢森堡国家创新指数综合排名第20位，比上年上升2位。5个一级指标中，创新资源排名第24位，比上年下降2位；知识创造排名第40位，与上年持平；企业创新排名第13位，比上年上升1位；创新绩效排名第10位，比上年上升3位；创新环境排名第5位，比上年下降2位。

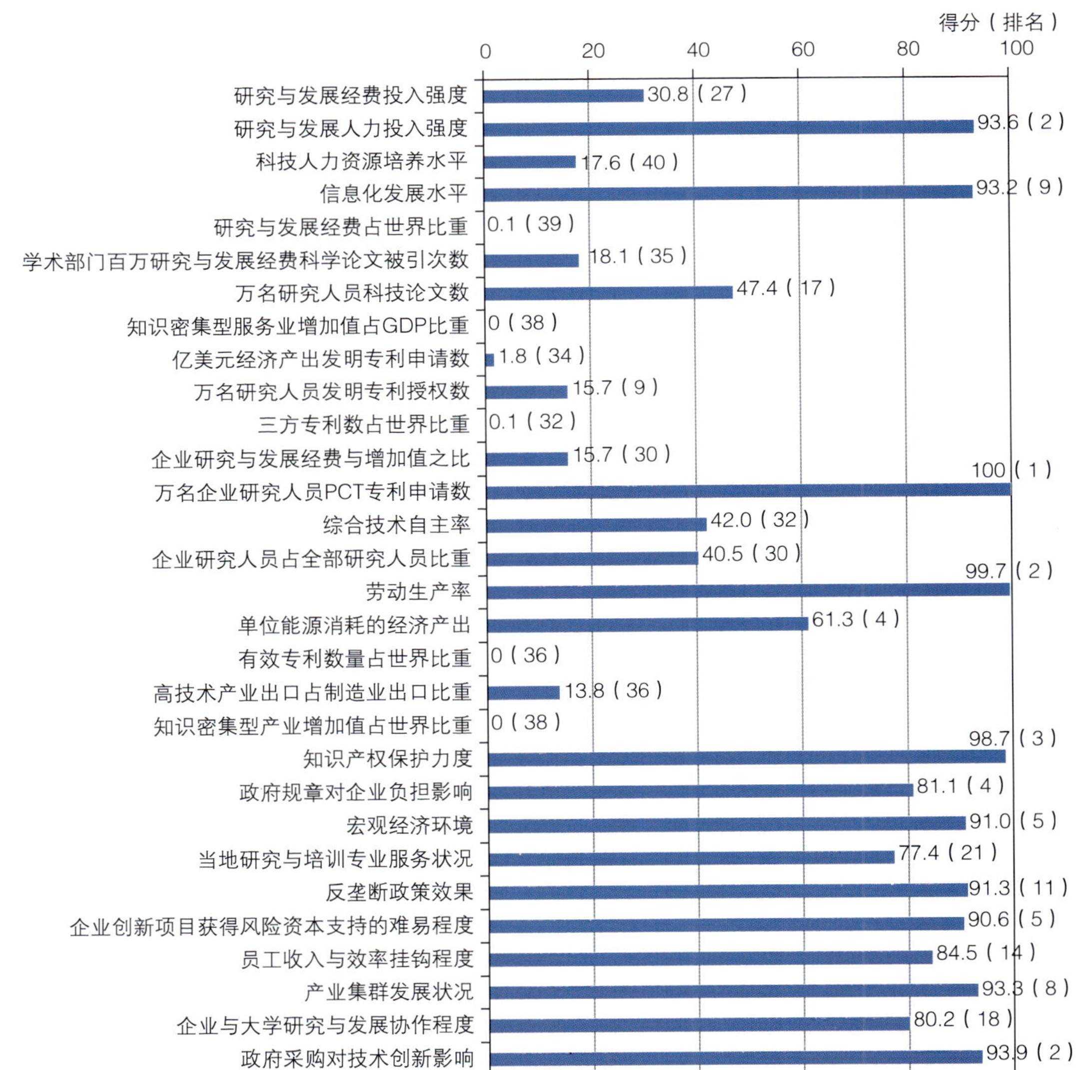

墨西哥

北美洲国家。人口1.3亿人，国土面积约197.3万平方千米，GDP总量11437.9亿美元，人均GDP 9005美元，为中高收入国家。单位能耗产出6.86美元/千克标准油；R&D经费投入63.1亿美元；R&D经费投入强度为0.55%；SCI收录论文13922篇；PCT专利申请数317件；高技术产业出口占制造业出口比重为14.69%。

墨西哥国家创新指数综合排名第37位，与上年持平。5个一级指标中，创新资源排名第38位，比上年上升1位；知识创造排名第34位，比上年上升3位；企业创新排名第36位，比上年下降1位；创新绩效排名第28位，比上年下降1位；创新环境排名第27位，比上年上升3位。

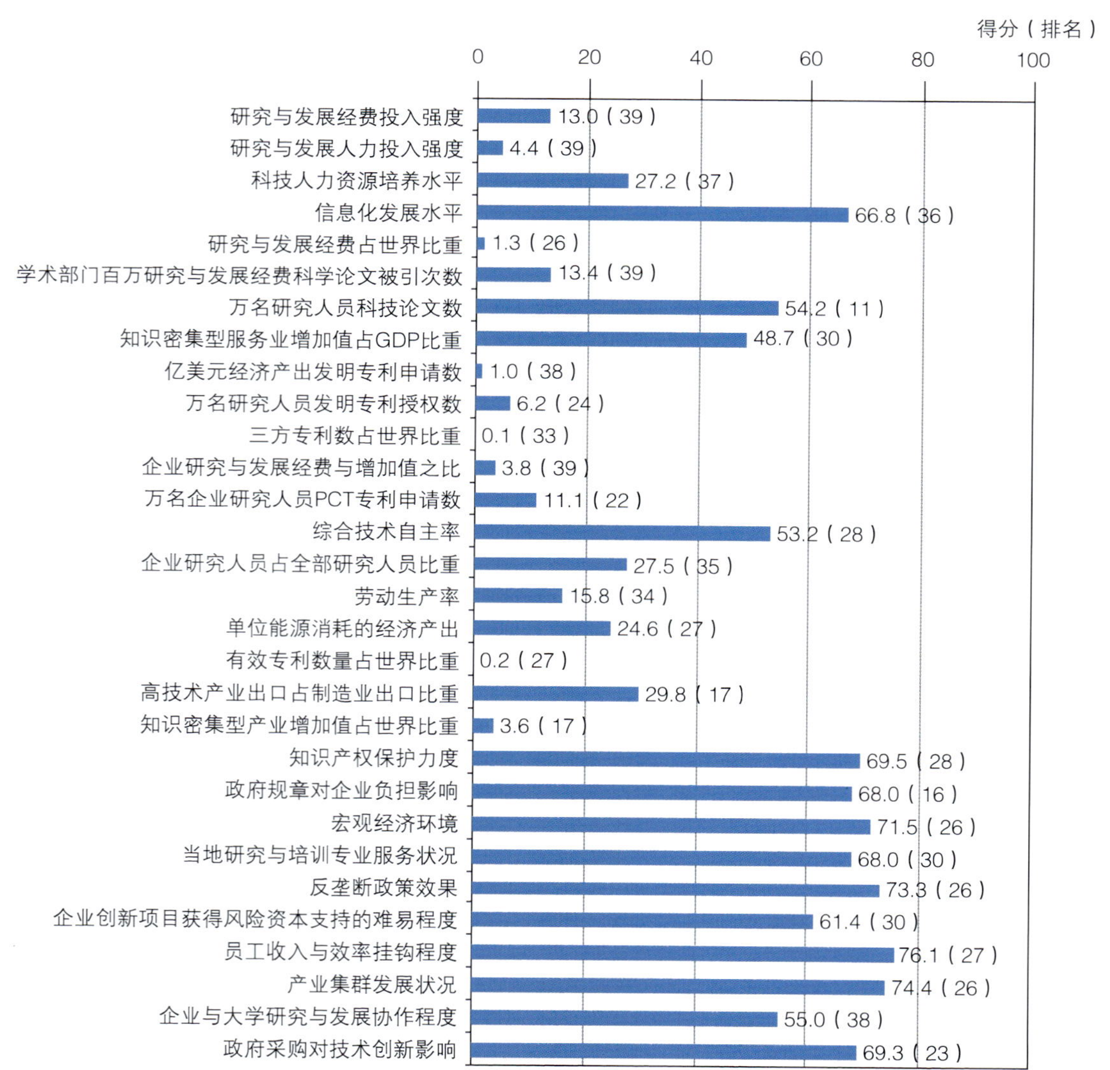

荷兰

欧洲国家。人口1693.7万人，国土面积约4.2万平方千米，GDP总量7502.8亿美元，人均GDP 44300美元，为高收入国家。单位能耗产出12.16美元/千克标准油；R&D经费投入151.2亿美元；R&D经费投入强度为2.01%；SCI收录论文41321篇；PCT专利申请数4334件；高技术产业出口占制造业出口比重为19.90%。

荷兰国家创新指数综合排名第8位，比上年上升1位。5个一级指标中，创新资源排名第13位，比上年下降2位；知识创造排名第7位，比上年上升1位；企业创新排名第15位，与上年持平；创新绩效排名第16位，与上年持平；创新环境排名第9位，比上年下降2位。

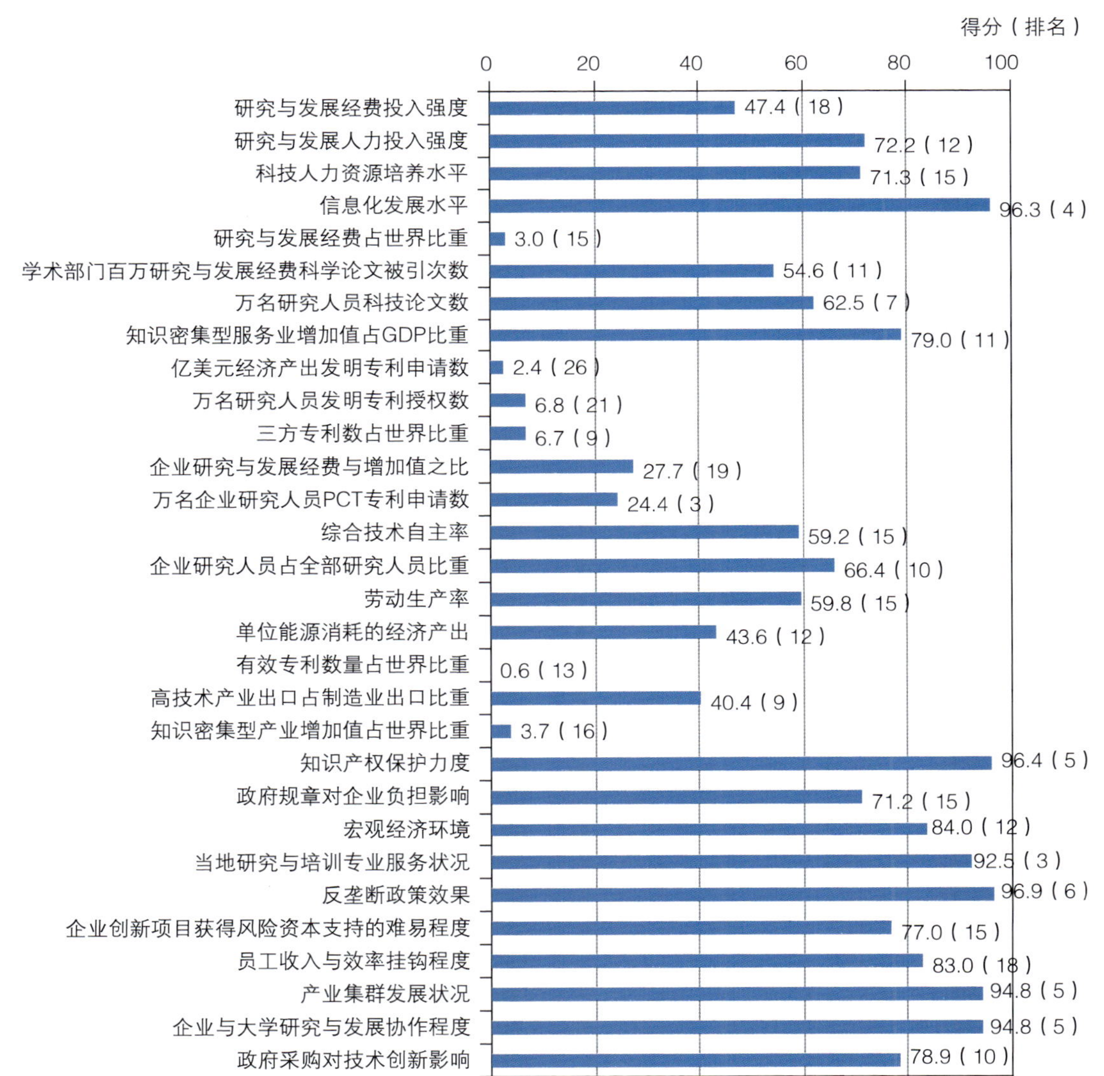

新西兰

大洋洲国家。人口459.6万人，国土面积约26.8万平方千米，GDP总量1737.54亿美元，人均GDP 37808美元，为高收入国家。单位能耗产出9.96美元/千克标准油；R&D经费投入22.0亿美元；R&D经费投入强度为1.15%；SCI收录论文10104篇；PCT专利申请数358件；高技术产业出口占制造业出口比重为9.96%。

新西兰国家创新指数综合排名第22位，比上年下降1位。5个一级指标中，创新资源排名第22位，比上年下降2位；知识创造排名第5位，比上年下降1位；企业创新排名第34位，与上年持平；创新绩效排名第25位，比上年下降1位；创新环境排名第11位，比上年下降1位。

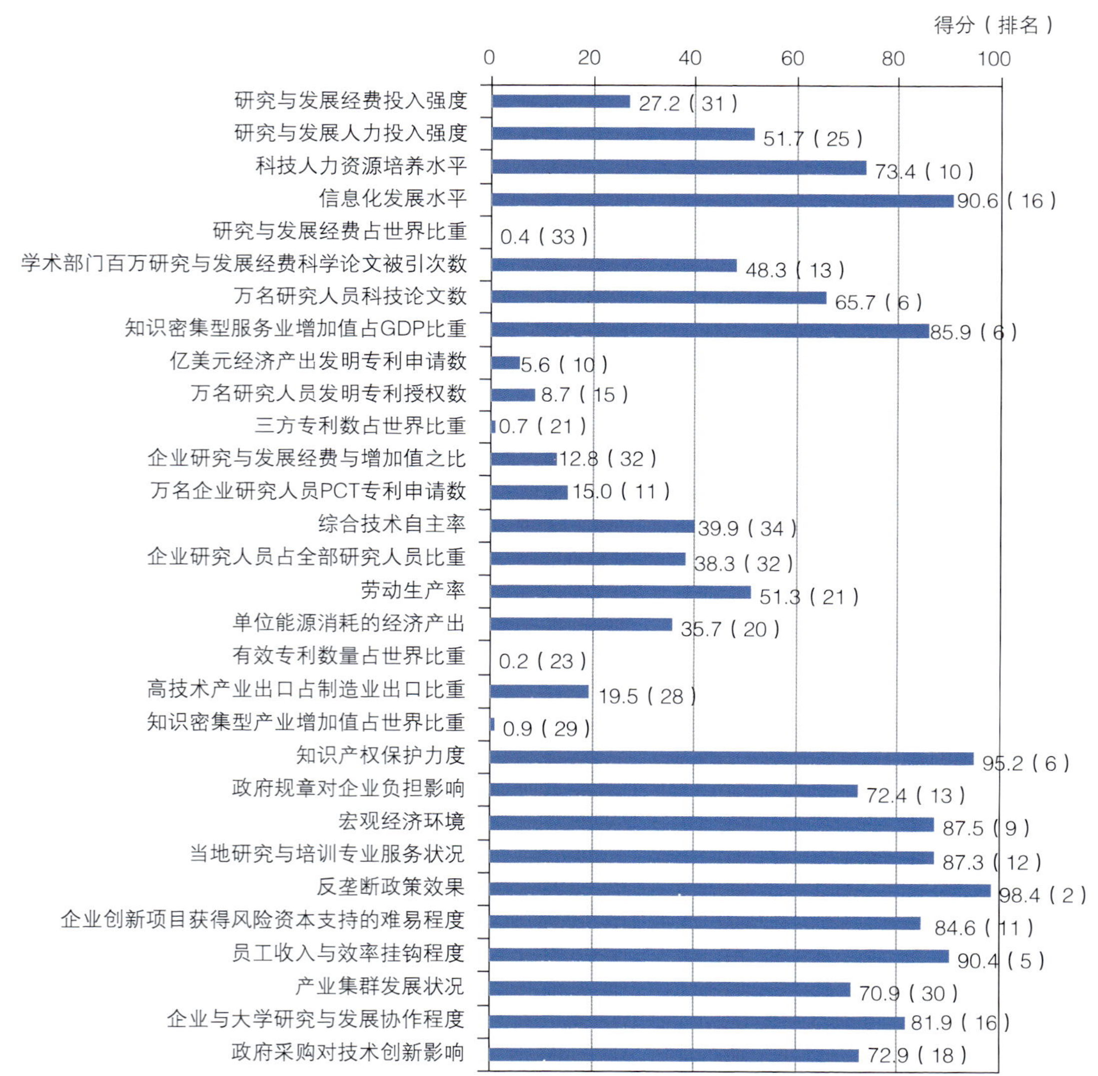

挪威

欧洲国家。人口519.6万人，国土面积约38.5万平方千米，GDP总量3865.8亿美元，人均GDP 74400美元，为高收入国家。单位能耗产出16.57美元/千克标准油；R&D经费投入74.79亿美元；R&D经费投入强度为1.93%；SCI收录论文13348篇；PCT专利申请数679件；高技术产业出口占制造业出口比重为20.52%。

挪威国家创新指数综合排名第15位，比上年下降2位。5个一级指标中，创新资源排名第12位，比上年上升1位；知识创造排名第32位，比上年上升1位；企业创新排名第23位，比上年上升2位；创新绩效排名第5位，比上年下降1位；创新环境排名第6位，比上年下降1位。

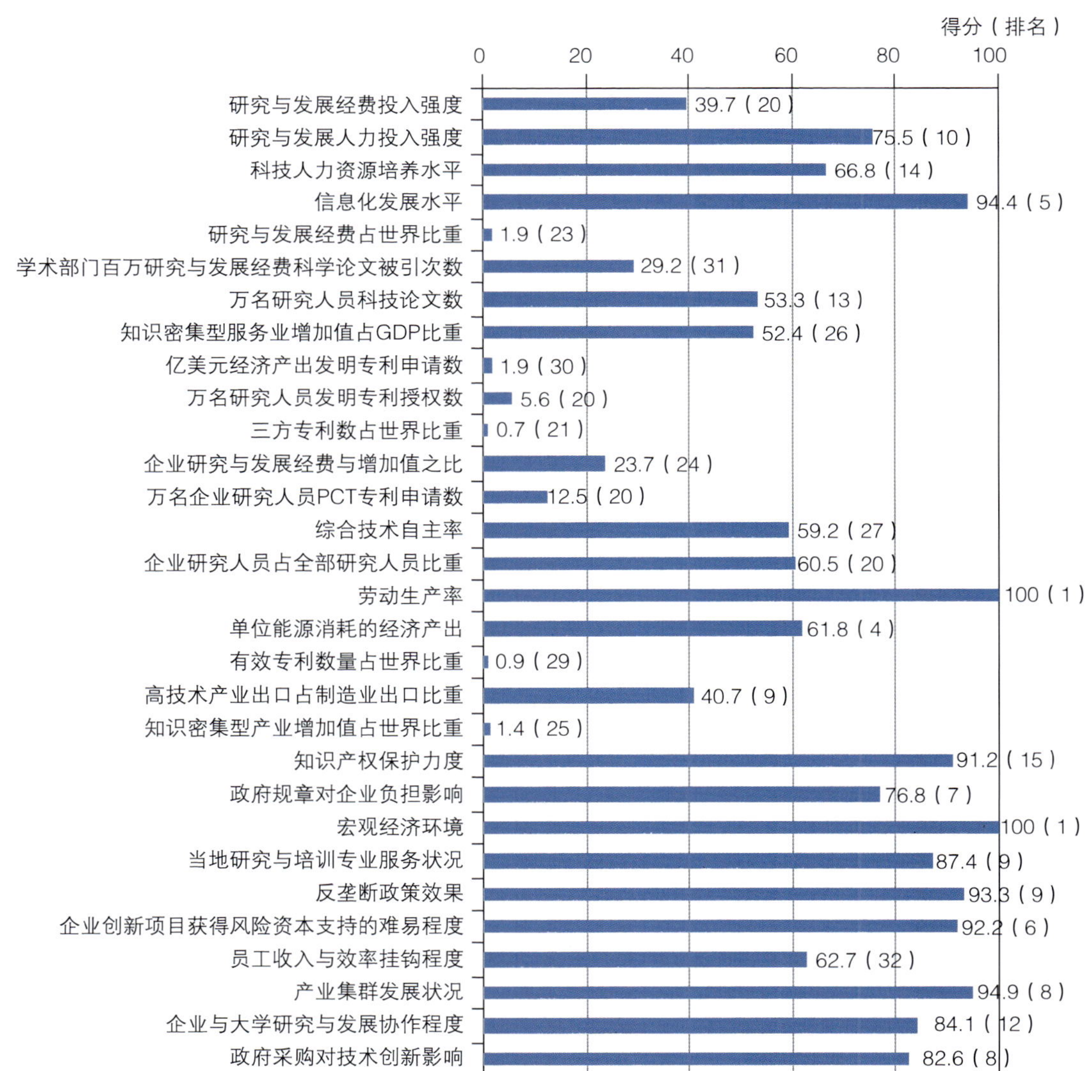

波兰

欧洲国家。人口3780万人，国土面积约31.3万平方千米，GDP总量4770.7亿美元，人均GDP 12555美元，为中高收入国家。单位能耗产出5.75美元/千克标准油；R&D经费投入47.9亿美元；R&D经费投入强度为1.0%；SCI收录论文28203篇；PCT专利申请数439件；高技术产业出口占制造业出口比重为8.78%。

波兰国家创新指数综合排名第32位，比上年上升1位。5个一级指标中，创新资源排名第31位，与上年持平；知识创造排名第26位，比上年上升1位；企业创新排名第25位，比上年上升5位；创新绩效排名第36位，比上年下降1位；创新环境排名第32位，比上年下降3位。

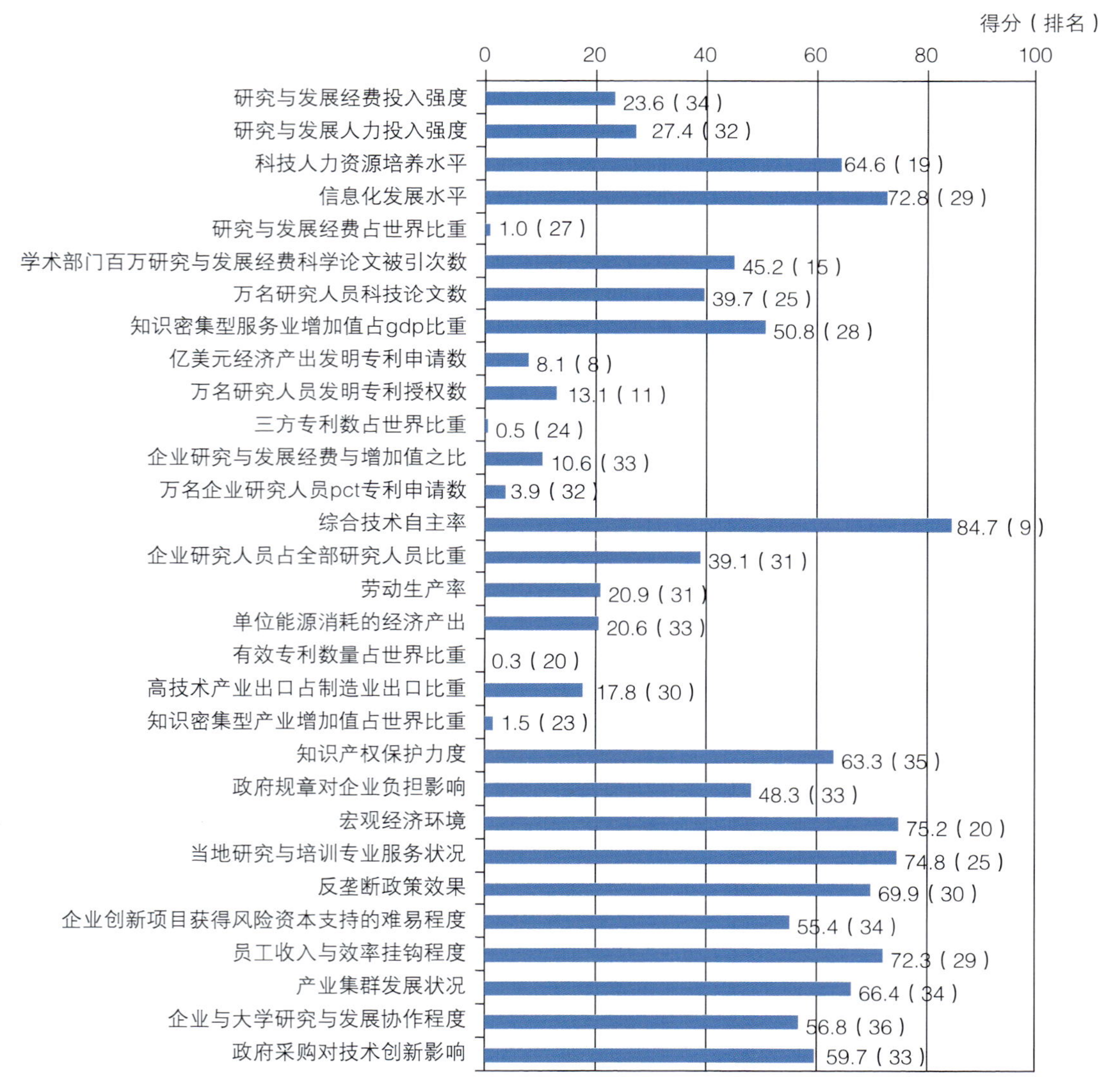

葡萄牙

欧洲国家。人口1034.9万人，国土面积约9.2万平方千米，GDP总量1989.2亿美元，人均GDP 19222美元，为高收入国家。单位能耗产出10.91美元/千克标准油；R&D经费投入25.4亿美元；R&D经费投入强度为1.28%；SCI收录论文114760篇；PCT专利申请数161件；高技术产业出口占制造业出口比重为4.59%。

葡萄牙国家创新指数综合排名第28位，与上年持平。5个一级指标中，创新资源排名第29位，比上年下降1位；知识创造排名第17位，比上年上升3位；企业创新排名第27位，与上年持平；创新绩效排名第27位，比上年上升1位；创新环境排名第28位，比上年下降2位。

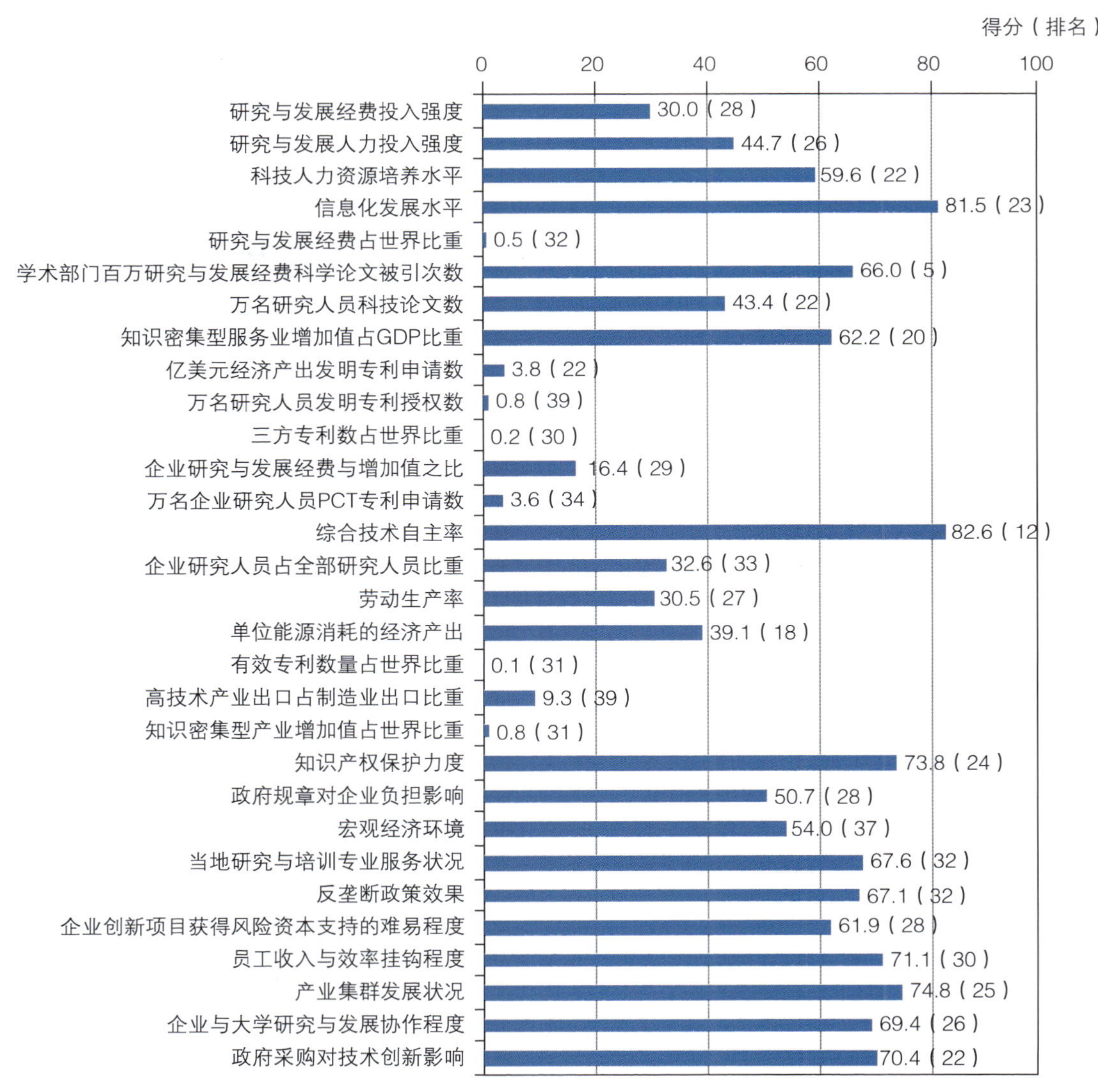

罗马尼亚

欧洲国家。人口1983.2万人，国土面积约23.8万平方千米，GDP总量1983.2亿美元，人均GDP 8973美元，为中高收入国家。单位能耗产出6.29美元/千克标准油；R&D经费投入8.7亿美元；R&D经费投入强度为0.49%；SCI收录论文8232篇；PCT专利申请数35件；高技术产业出口占制造业出口比重为7.50%。

罗马尼亚国家创新指数综合排名第34位，与上年持平。5个一级指标中，创新资源排名第37位，与上年持平；知识创造排名第20位，比上年下降3位；企业创新排名第29位，比上年下降3位；创新绩效排名第37位，比上年上升1位；创新环境排名第37位，比上年下降4位。

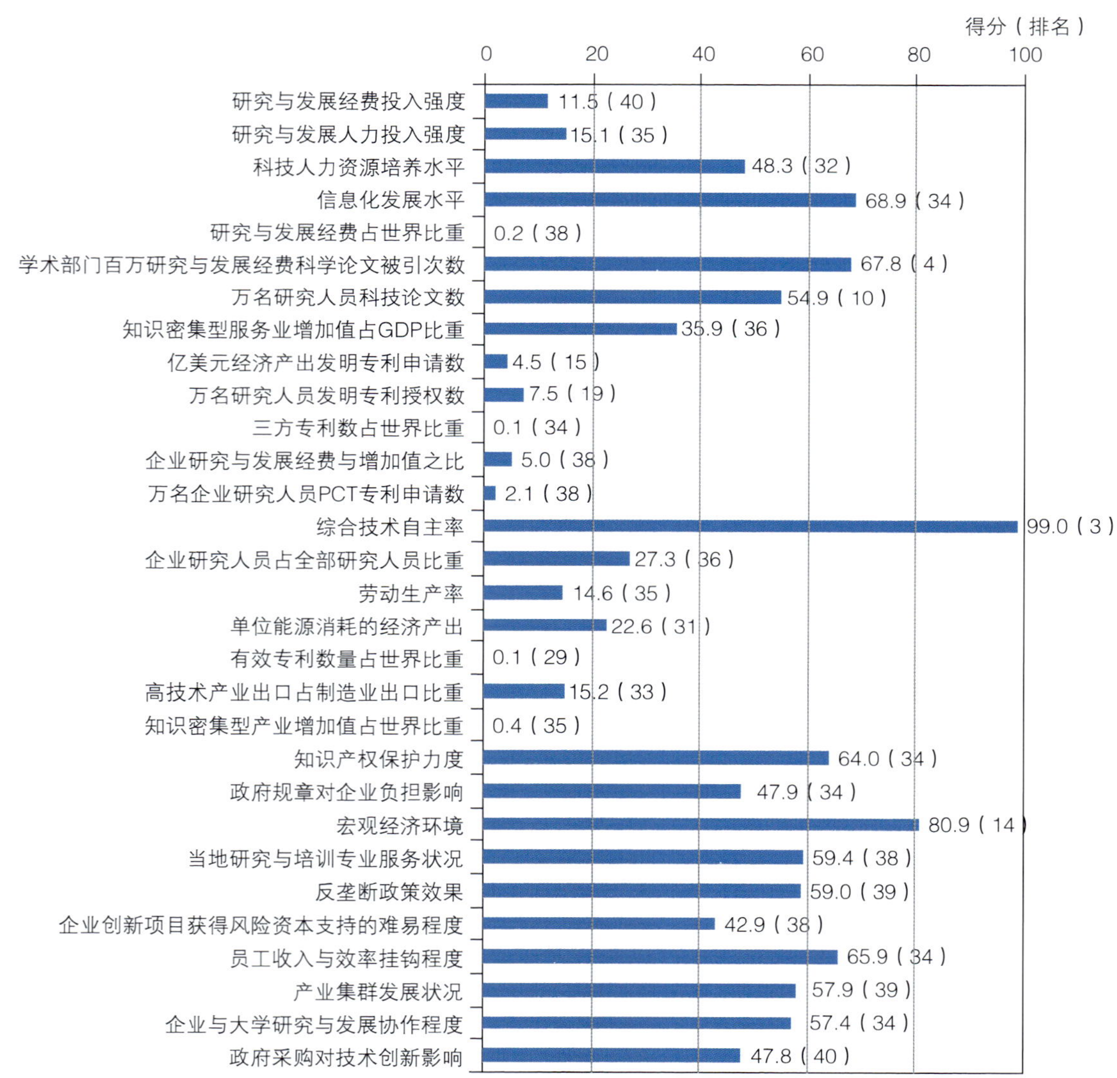

俄罗斯

欧洲国家。人口约1.44亿人，国土面积约1707.55万平方千米，GDP总量13312.1亿美元，人均GDP 9093美元，为中高收入国家。单位能耗产出2.76美元/千克标准油；R&D经费投入150.1亿美元；R&D经费投入强度为1.13%；SCI收录论文35488篇；PCT专利申请数876件；高技术产业出口占制造业出口比重为13.76%。

俄罗斯国家创新指数综合排名第33位，比上年下降1位。5个一级指标中，创新资源排名第27位，比上年下降4位；知识创造排名第35位，比上年上升3位；企业创新排名第22位，比上年下降2位；创新绩效排名第35位，比上年上升1位；创新环境排名第35位，比上年下降4位。

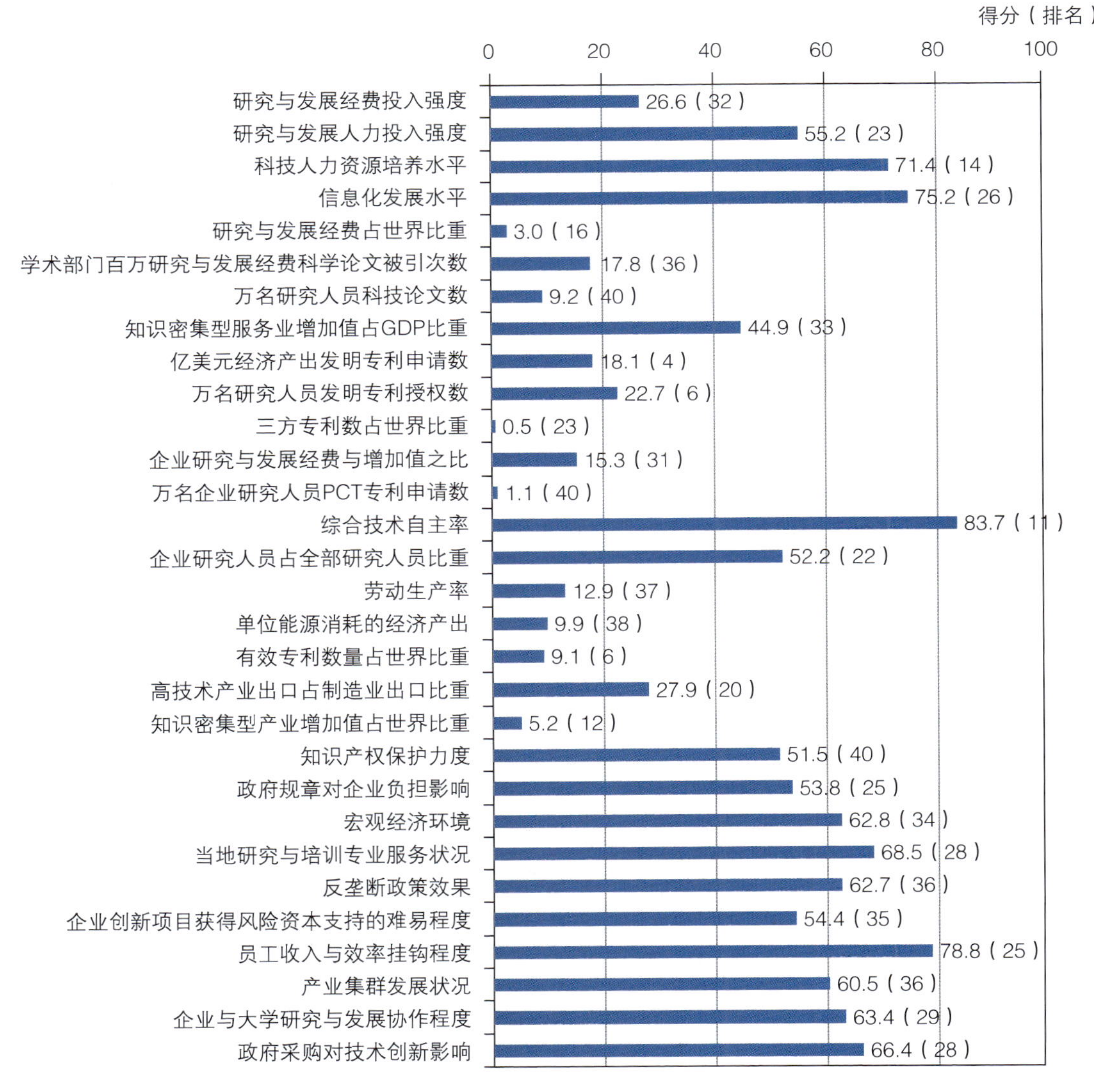

新加坡

亚洲国家。人口553.5万人，国土面积约714.3平方千米，GDP总量2927.4亿美元，人均GDP 52889美元，为高收入国家。单位能耗产出11.59美元/千克标准油；R&D经费投入67.3亿美元；R&D经费投入强度为2.2%；SCI收录论文13822篇；PCT专利申请数908件；高技术产业出口占制造业出口比重为49.28%。

新加坡国家创新指数综合排名第9位，比上年上升1位。5个一级指标中，创新资源排名第14位，与上年持平；知识创造排名第16位，比上年下降1位；企业创新排名第33位，与上年持平；创新绩效排名第6位，比上年下降1位；创新环境排名第1位，与上年持平。

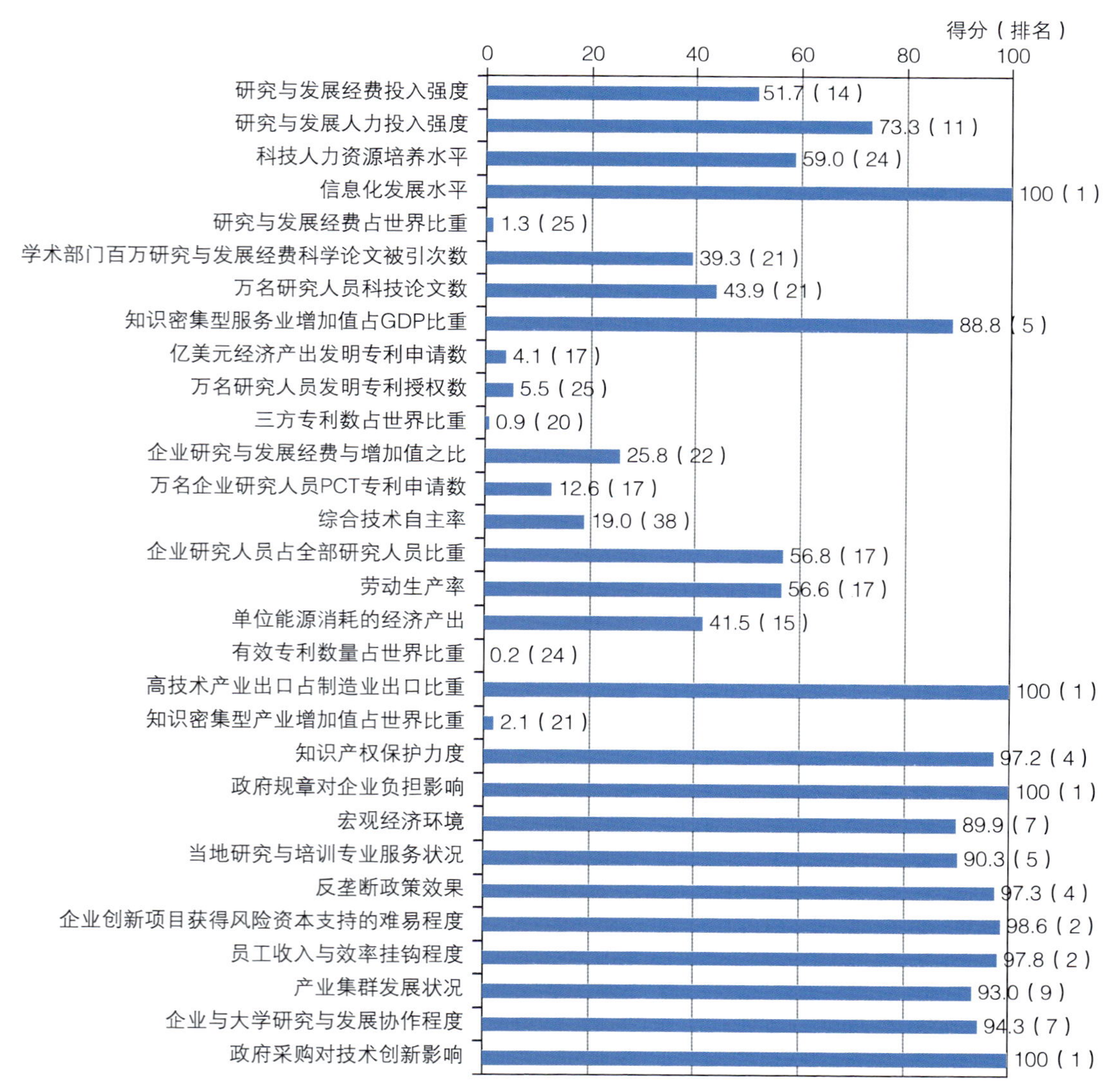

斯洛伐克

欧洲国家。人口542.4万人，国土面积约4.9万平方千米，GDP总量872.6亿美元，人均GDP 16088美元，为高收入国家。单位能耗产出6.53美元/千克标准油；R&D经费投入10.3亿美元；R&D经费投入强度为1.18%；SCI收录论文3672篇；PCT专利申请数38件；高技术产业出口占制造业出口比重为10.29%。

斯洛伐克国家创新指数综合排名第35位，与上年持平。5个一级指标中，创新资源排名第34位，与上年持平；知识创造排名第36位，比上年下降2位；企业创新排名第35位，比上年上升1位；创新绩效排名第30位，比上年上升3位；创新环境排名第31位，比上年上升3位。

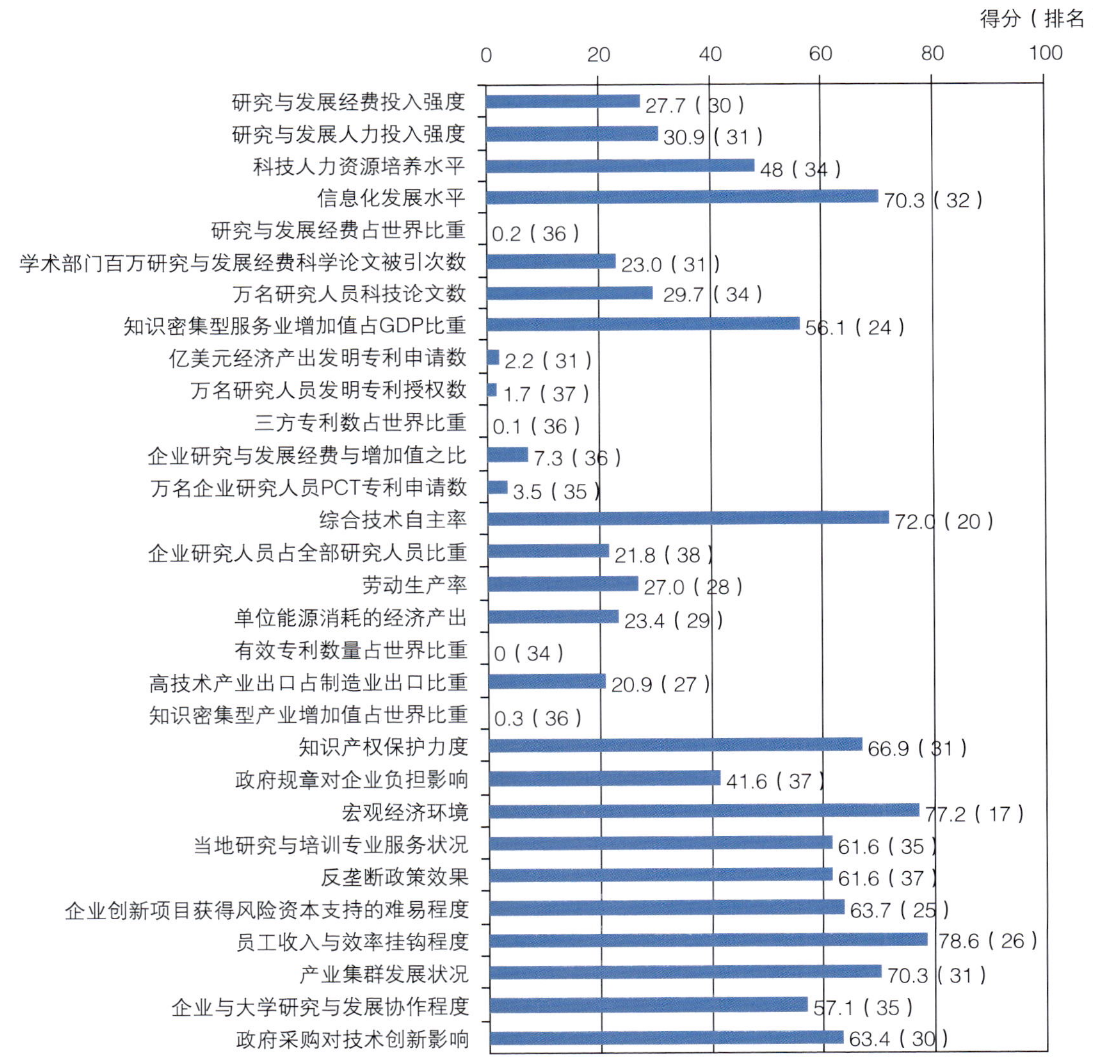

斯洛文尼亚

欧洲国家。人口约206.4万人，国土面积约2.0万平方千米，GDP总量427.8亿美元，人均GDP 20727美元，为高收入国家。单位能耗产出7.34美元/千克标准油；R&D经费投入9.5亿美元；R&D经费投入强度为2.21%；SCI收录论文3672篇；PCT专利申请数84件；高技术产业出口占制造业出口比重为6.42%。

斯洛文尼亚国家创新指数综合排名第24位，比上年下降1位。5个一级指标中，创新资源排名第17位，比上年下降2位；知识创造排名第14位，比上年上升5位；企业创新排名第14位，比上年下降1位；创新绩效排名第31位，比上年上升1位；创新环境排名第33位，比上年上升3位。

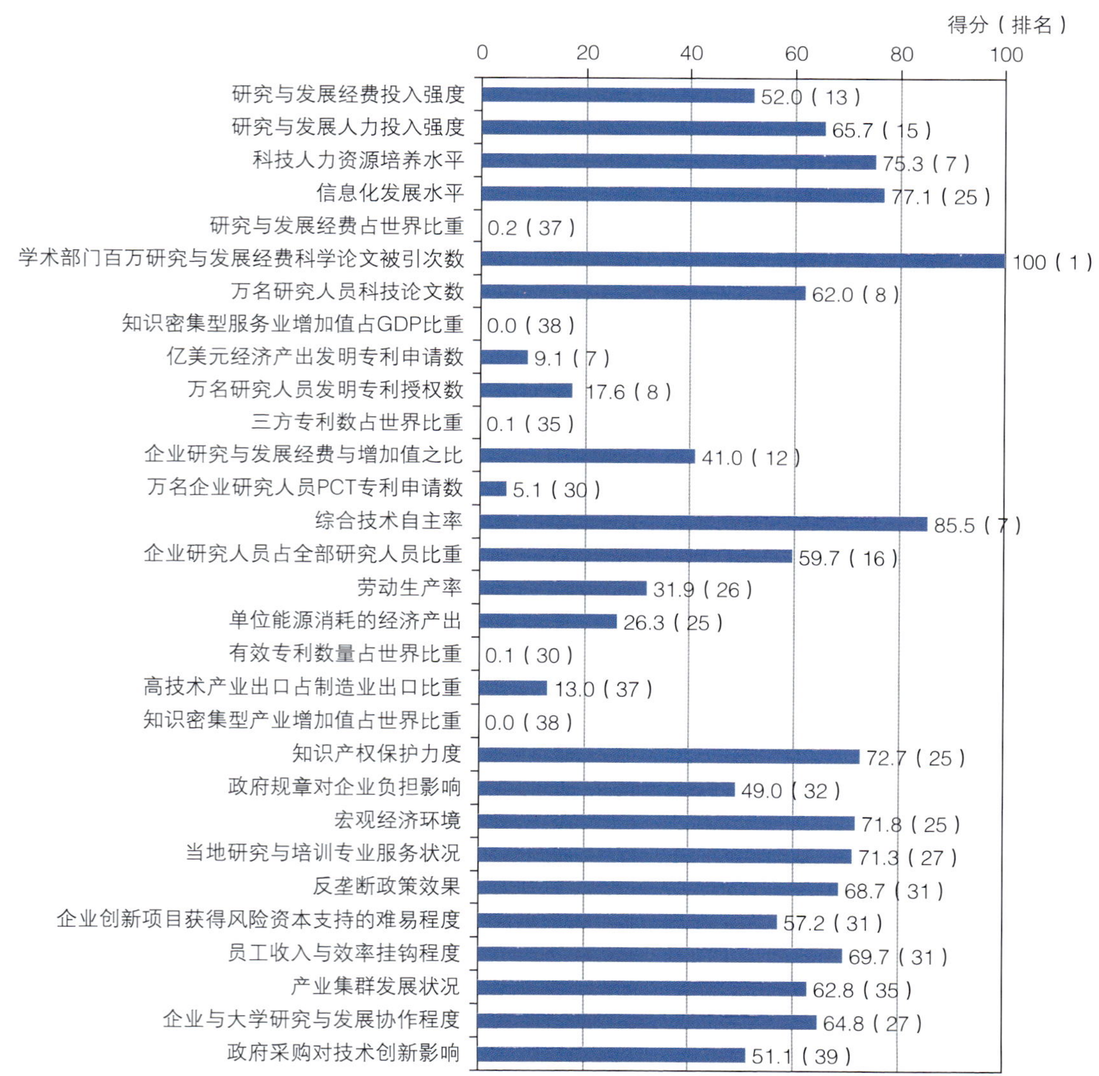

南非

非洲国家。人口约5495.7万人，国土面积约122.1万平方千米，GDP总量3145.7亿美元，人均GDP 5724美元，为中高收入国家。单位能耗产出2.45美元/千克标准油；R&D经费投入26.6亿美元；R&D经费投入强度为0.73%；SCI收录论文13355万篇；PCT专利申请数313件；高技术产业出口占制造业出口比重为5.88%。

南非国家创新指数综合排名第36位，与上年持平。5个一级指标中，创新资源排名第40位，与上年持平；知识创造排名第15位，比上年上升1位；企业创新排名第37位，与上年持平；创新绩效排名第39位，与上年持平；创新环境排名第25位，比上年上升2位。

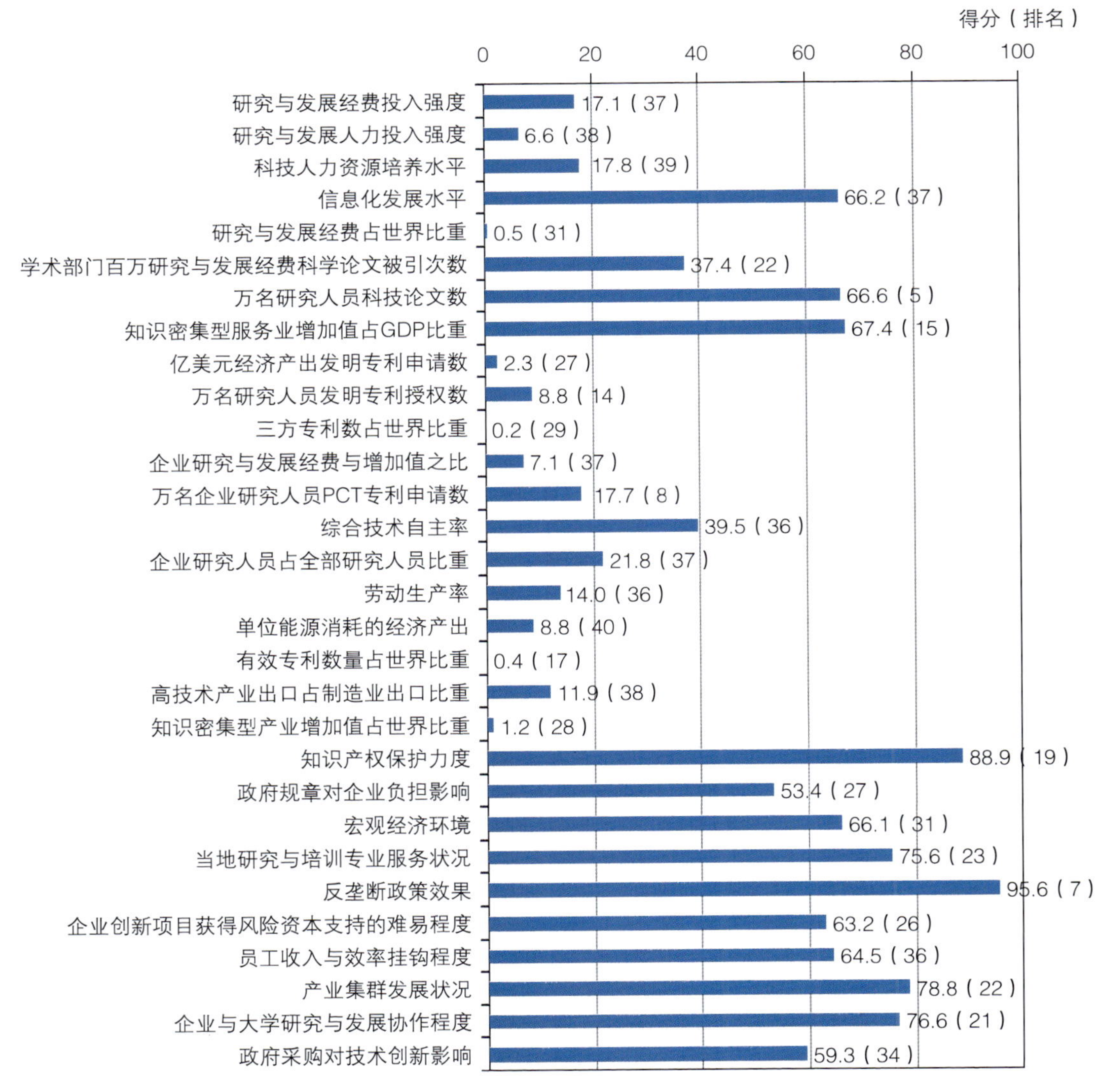

西班牙

欧洲国家。人口4641.8万人，国土面积约50.6万平方千米，GDP总量11990.1亿美元，人均GDP 25832美元，为高收入国家。单位能耗产出12.13美元/千克标准油；R&D经费投入146.1亿美元；R&D经费投入强度为1.22%；SCI收录论文59484篇；PCT专利申请数1530件；高技术产业出口占制造业出口比重为7.15%。

西班牙国家创新指数综合排名第26位，比上年下降1位。5个一级指标中，创新资源排名第26位，比上年下降1位；知识创造排名第13位，与上年持平；企业创新排名第24位，与上年持平；创新绩效排名第24位，比上年下降2位；创新环境排名第29位，比上年上升3位。

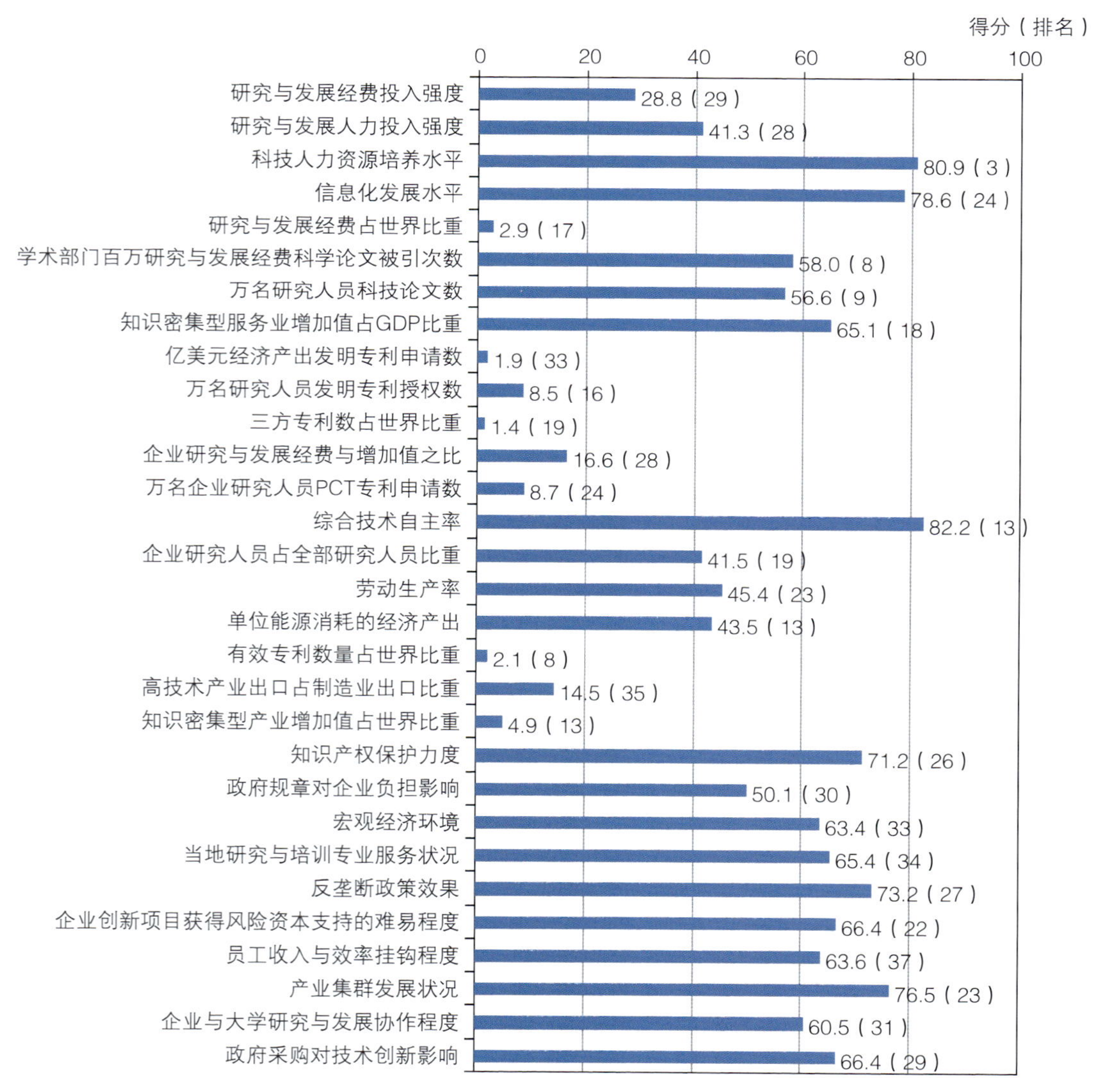

瑞典

欧洲国家。人口约979.9万人，国土面积约45万平方千米，GDP总量4956.3亿美元，人均GDP 50580美元，为高收入国家。单位能耗产出12.30美元/千克标准油；R&D经费投入161.7亿美元；R&D经费投入强度为3.26%；SCI收录论文27839篇；PCT专利申请数3842件；高技术产业出口占制造业出口比重为14.26%。

瑞典国家创新指数综合排名第6位，比上年上升1位。5个一级指标中，创新资源排名第7位，与上年持平；知识创造排名第23位，与上年持平；企业创新排名第7位，与上年持平；创新绩效排名第15位，比上年下降1位；创新环境排名第8位，比上年上升4位。

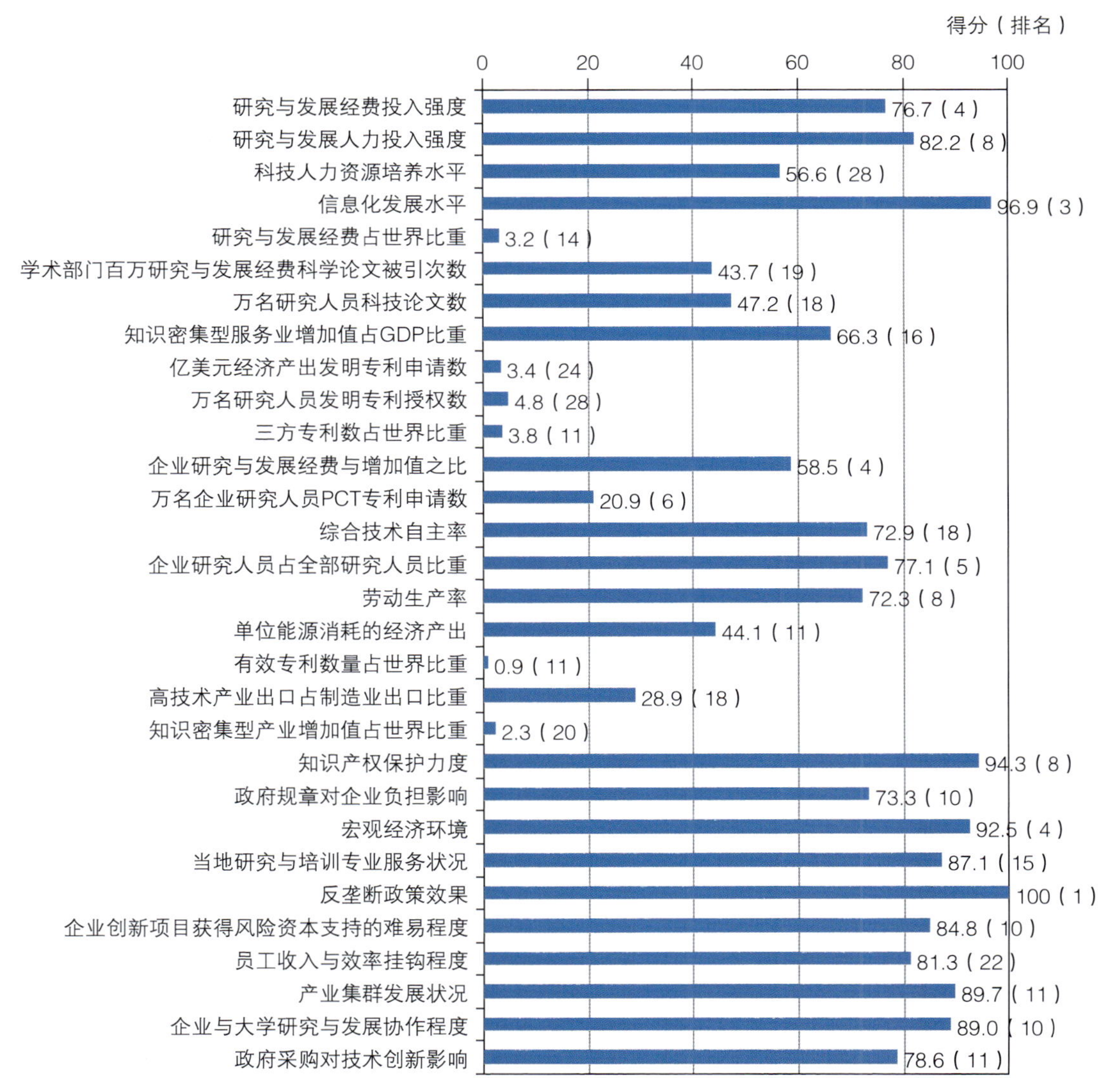

瑞士

欧洲国家。人口约828.7万人，国土面积约4.1万平方千米，GDP总量6707.9亿美元，人均GDP 80945美元，为高收入国家。单位能耗产出27.91美元/千克标准油；R&D经费投入197.4亿美元；R&D经费投入强度为2.97%；SCI收录论文30885篇；PCT专利申请数4265件；高技术产业出口占制造业出口比重为26.84%。

瑞士国家创新指数综合排名第3位，与上年持平。5个一级指标中，创新资源排名第10位，与上年持平；知识创造排名第2位，与上年持平；企业创新排名第8位，比上年上升1位；创新绩效排名第2位，与上年持平；创新环境排名第2位，与上年持平。

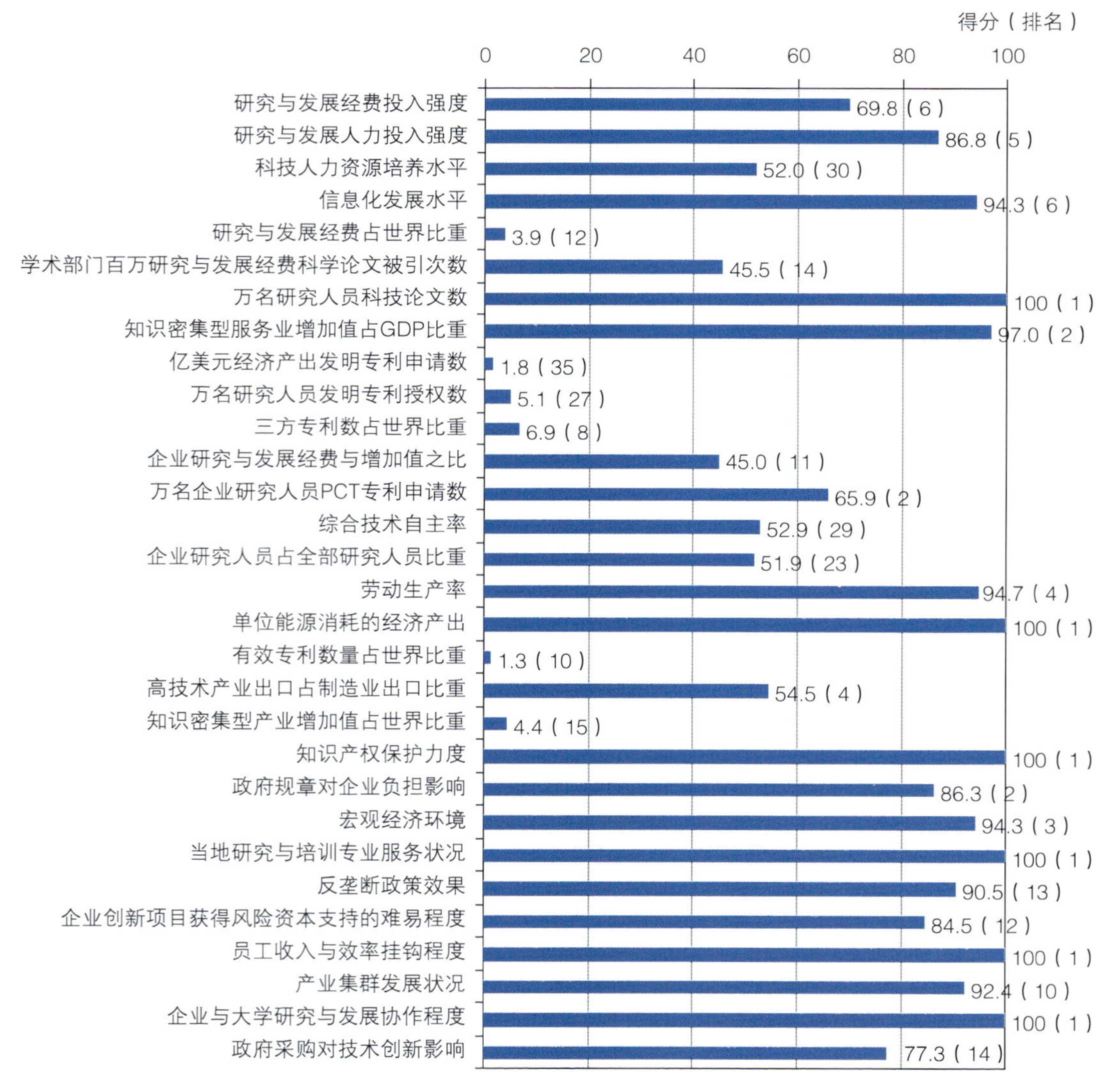

土耳其

亚洲国家。人口约7866.6万人，国土面积约78.4万平方千米，GDP总量7178.8亿美元，人均GDP 9126美元，为中高收入国家。单位能耗产出6.69美元/千克标准油；R&D经费投入80.4亿美元；R&D经费投入强度为1.01%；SCI收录论文29319篇；PCT专利申请数1010件；高技术产业出口占制造业出口比重为2.16%。

土耳其国家创新指数综合排名第30位，与上年持平。5个一级指标中，创新资源排名第33位，比上年下降1位；知识创造排名第29位，比上年下降1位；企业创新排名第18位，比上年下降1位；创新绩效排名第38位，比上年下降1位；创新环境排名第30位，比上年下降2位。

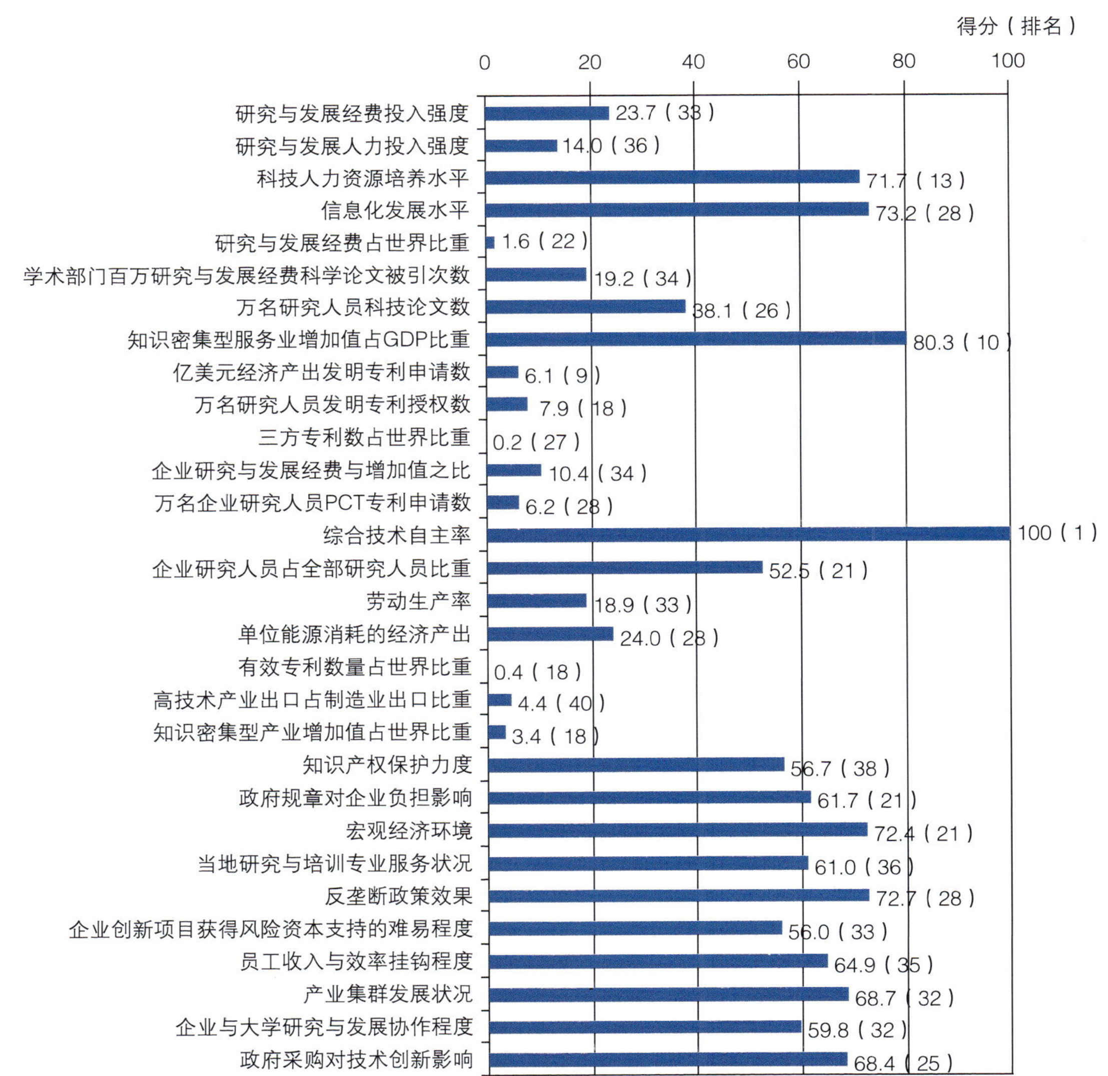

英国

欧洲国家。人口约6513.8万人，国土面积约24.4万平方千米，GDP总量28580.03亿美元，人均GDP 43876美元，为高收入国家。单位能耗产出16.87美元/千克标准油；R&D经费投入486.6亿美元；R&D经费投入强度为1.70%；SCI收录论文125499篇；PCT专利申请数5290件；高技术产业出口占制造业出口比重为20.81%。

英国国家创新指数综合排名第10位，比上年下降2位。5个一级指标中，创新资源排名第19位，比上年下降1位；知识创造排名第6位，比上年上升1位；企业创新排名第19位，与上年持平；创新绩效排名第7位，与上年持平；创新环境排名第10位，比上年下降4位。

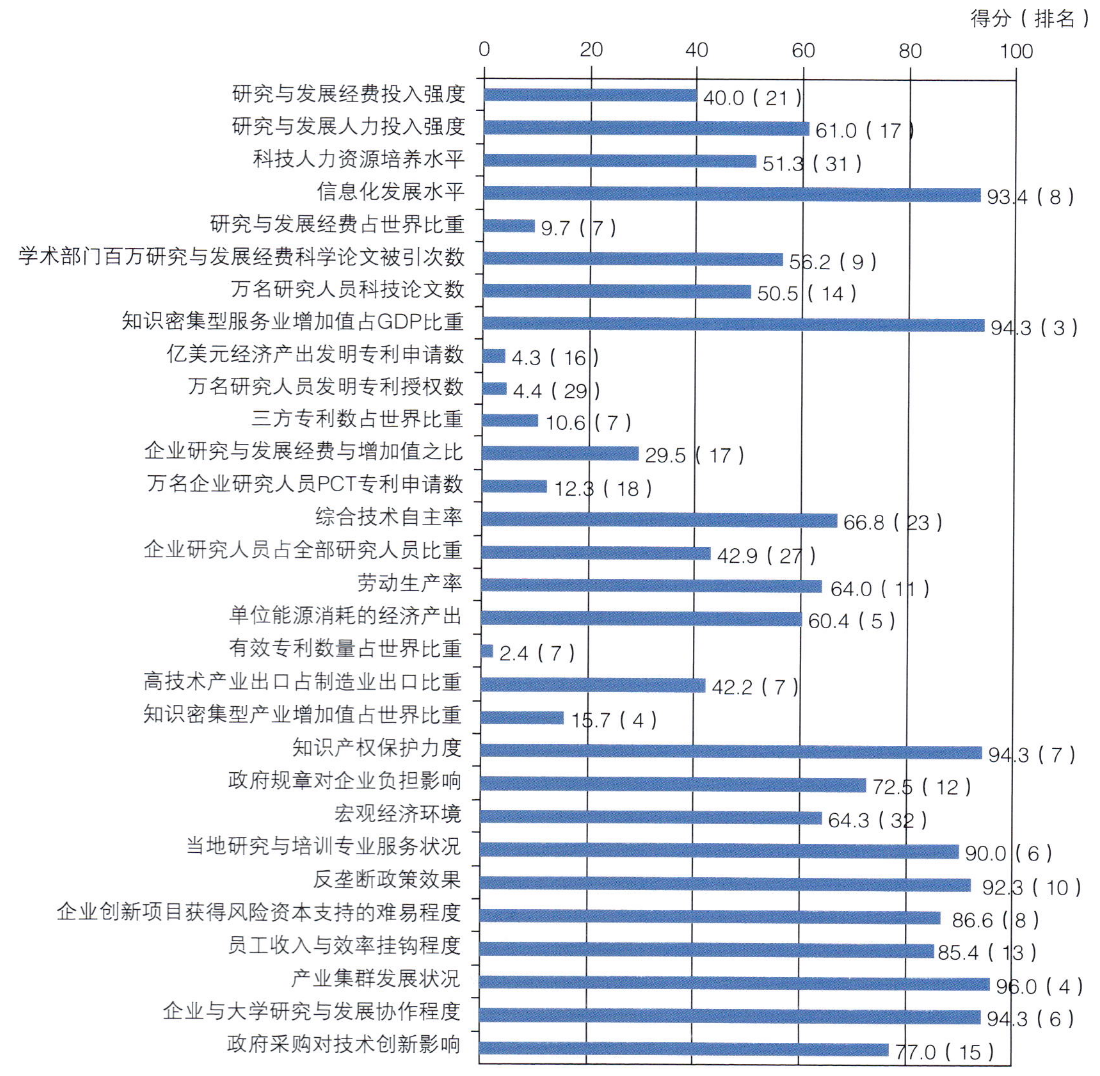

美国

北美洲国家。人口约3.2亿人，国土面积约963.1万平方千米，GDP总量180366.5亿美元，人均GDP 56116美元，为高收入国家。单位能耗产出7.88美元/千克标准油；R&D经费投入5028.9亿美元；R&D经费投入强度为2.79%；SCI收录论文约42万篇；PCT专利申请数57123件；高技术产业出口占制造业出口比重为19.01%。

美国国家创新指数综合排名第1位，与上年持平。5个一级指标中，创新资源排名第1位，与上年持平；知识创造排名第4位，比上年上升2位；企业创新排名第2位，与上年持平；创新绩效排名第1位，与上年持平；创新环境排名第4位，与上年持平。

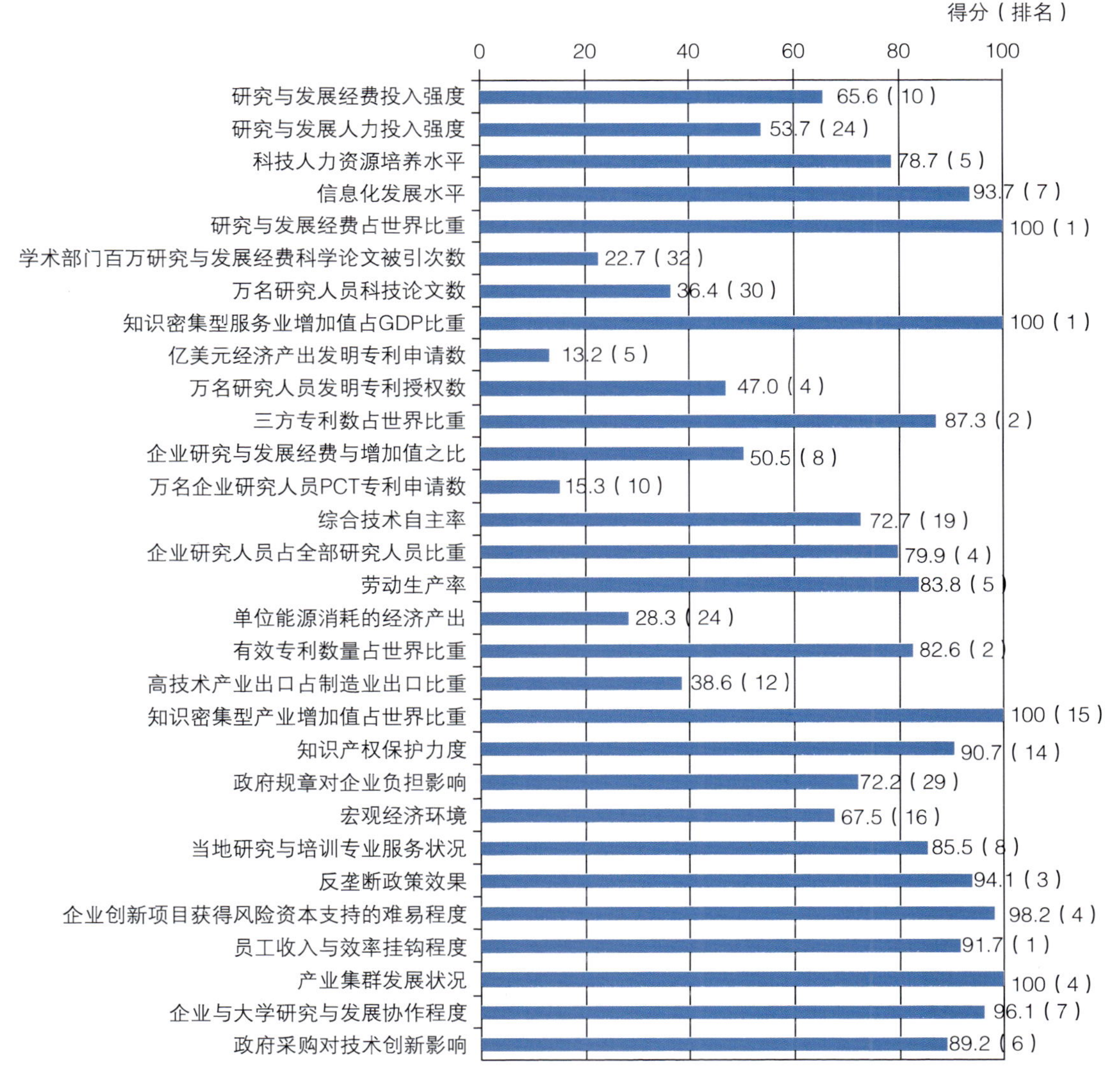

第三部分 评价方法

一、评价思路

国家创新指数评价研究借鉴了国内外关于国家竞争力和创新评价的理论与方法。基于评价目的和创新型国家的概念内涵，从创新资源、知识创造、企业创新、创新绩效和创新环境5个方面构建了国家创新指数的指标体系，形成一套比较完整的评价思路和方法。

1. 评价目的

通过构建评价指标体系和测算国家创新指数，力求全面、客观、准确地反映中国国家创新能力在创新链不同层面的特点及中国创新在世界的位置；通过评价实践，形成规范的国家创新能力评价指标体系、指标解释、计算方法及分析框架，为监测评价创新型国家建设进程，完善科技创新政策提供支撑和服务。

2. 创新型国家内涵

从发展方式看，世界各国可以大体分为3类：出口资源型、经济依附型和技术创新型，前2类国家具有较大的沦落为边缘化国家的风险，而以技术创新为主要特征的国家逐渐成为掌握国际话语权的核心国家。中国既没有过多的资源可以出口，也不可能走经济依附型的边缘化道路，只能走技术创新型发展的道路。为此，“进入创新型国家行列”成为国家中长期科技发展规划的战略目标。

世界各国的科技进步与经济发展往往并驾齐驱。从统计数据看，全世界220个国家和地区中，有R&D活动的国家总计有137个，R&D经费占GDP的比例超过1%的国家只有35个，这35个国家的人口总数只占全球的39%，但R&D经费总量占全球的90%，GDP总量占全球的80%。这说明世界上的经济强国，其经济强弱主要取决于科技水平，而不是主要取决于人口资源和自然资源要素。进一步的分析可以发现，虽然一些小国仍可以通过自然资源要素实现国家经济和国民财富的增长，但没有一个大国主要依赖自然资源要素而成为世界经济强国。

比较世界科技与经济排名前15名的国家与其他国家的区别，可以发现，创新型国家最主要的特征是国家的社会经济发展方式与传统的发展模式相比发生了根本的变化。创新型国家的判别应主要依据社会经济和财富增长是主要依靠要素（传统的自然资源消耗和资本）投入来驱动，还是主要依靠以知识创造、传播和应用为标志的创新活动来驱动。

创新型国家应具备5个方面的能力：

（1）具有较高的创新资源综合投入能力；

（2）具有较高的知识创造与扩散应用能力；

（3）具有较高的企业创新能力；

（4）具有较高的创新产出影响能力；

（5）具有良好的创新环境。

3. 理论基础

考虑到创新是从创新概念提出到研发、知识产出再到商业化应用的完整过程，国家创新能力应体现在科技知识的产生、流动和商业化应用的整个过程中。应该从创新资源投入、知识创造与应用、企业创新到创新产出与绩效影响的整个创新链主要环节来构建指标，评价国家创新能力。本报告参考了欧盟国家创新绩效评价的方法，采用综合指数评价方法。从创新过程选择一级指标，最终选择了创新资源、知识创造、企业创新、创新绩效和创新环境5个一级指标；通过选择二级指标形成国家创新指数评价指标体系；再利用国家创新综合指数及其指标体系对国家创新能力进行综合分析、比较与判断。

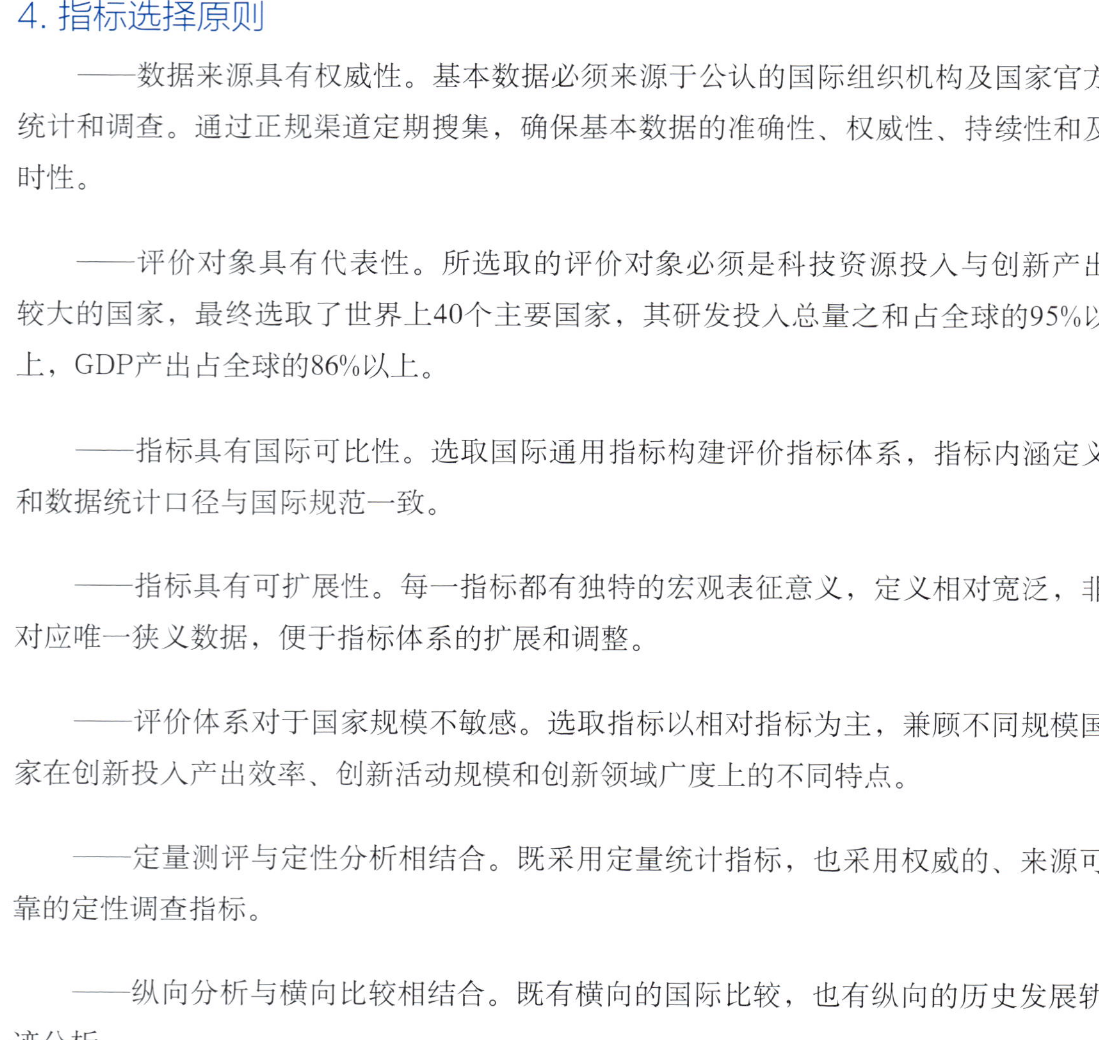

4. 指标选择原则

——数据来源具有权威性。基本数据必须来源于公认的国际组织机构及国家官方统计和调查。通过正规渠道定期搜集，确保基本数据的准确性、权威性、持续性和及时性。

——评价对象具有代表性。所选取的评价对象必须是科技资源投入与创新产出较大的国家，最终选取了世界上40个主要国家，其研发投入总量之和占全球的95%以上，GDP产出占全球的86%以上。

——指标具有国际可比性。选取国际通用指标构建评价指标体系，指标内涵定义和数据统计口径与国际规范一致。

——指标具有可扩展性。每一指标都有独特的宏观表征意义，定义相对宽泛，非对应唯一狭义数据，便于指标体系的扩展和调整。

——评价体系对于国家规模不敏感。选取指标以相对指标为主，兼顾不同规模国家在创新投入产出效率、创新活动规模和创新领域广度上的不同特点。

——定量测评与定性分析相结合。既采用定量统计指标，也采用权威的、来源可靠的定性调查指标。

——纵向分析与横向比较相结合。既有横向的国际比较，也有纵向的历史发展轨迹分析。

二、指标体系

国家创新指数指标体系由创新资源、知识创造、企业创新、创新绩效和创新环境5个一级指标和30个二级指标组成。

创新资源：反映一个国家对创新活动的资源投入力度、创新人才资源供给能力及创新所依赖的基础设施投入水平。

知识创造：反映一个国家的科研产出能力和知识传播能力。

企业创新：主要用来反映企业创新活动的强度、效率和产业技术水平。

创新绩效：反映一个国家开展创新活动所产生的效果和影响。

创新环境：主要用来反映一国创新活动所依赖的外部软硬件环境，包括10个二级指标（选自世界经济论坛《全球竞争力报告》中的调查指标）。

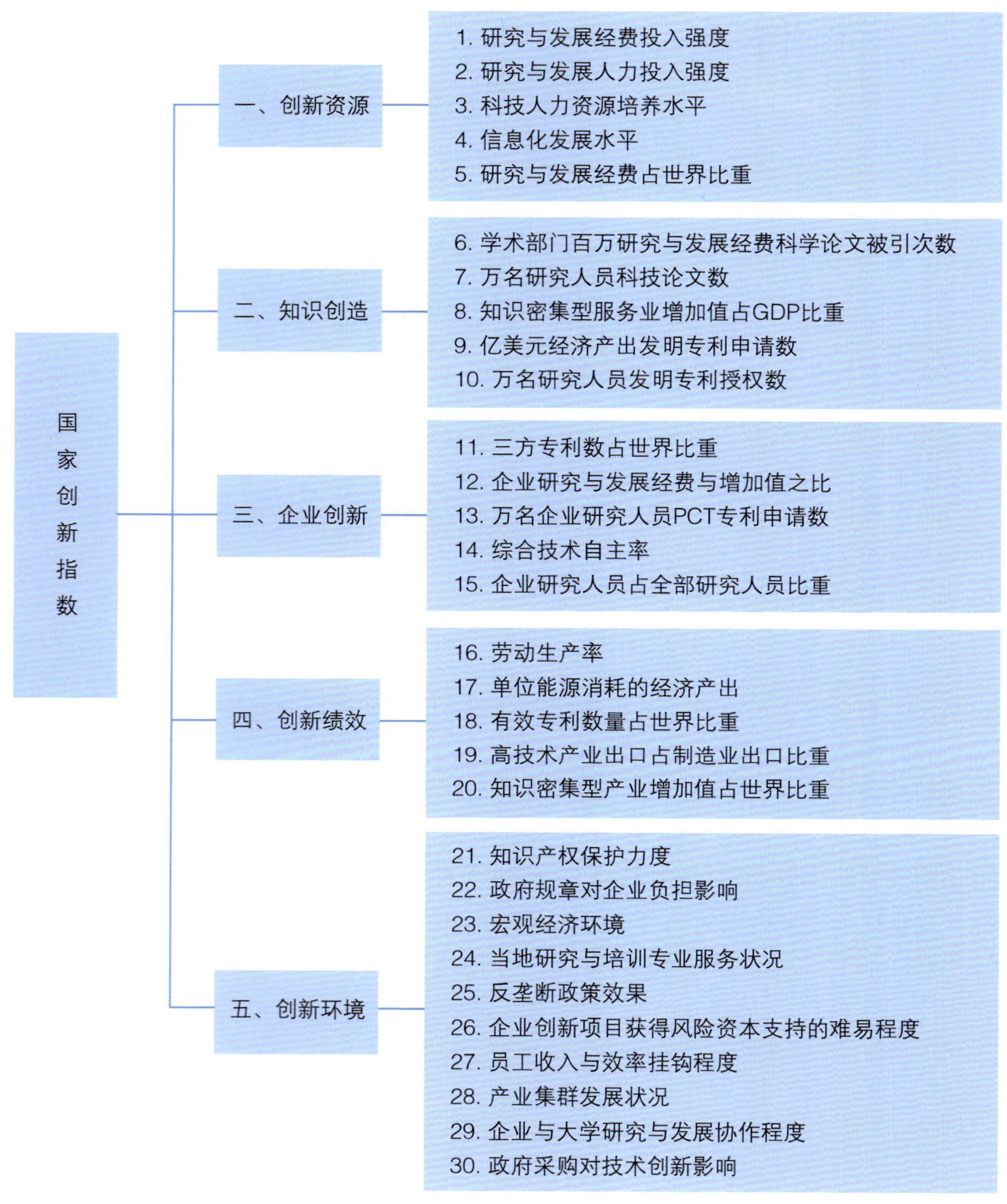
国家创新指数
一、创新资源
1. 研究与发展经费投入强度
2. 研究与发展人力投入强度
3. 科技人力资源培养水平
4. 信息化发展水平
5. 研究与发展经费占世界比重
二、知识创造
6. 学术部门百万研究与发展经费科学论文被引次数
7. 万名研究人员科技论文数
8. 知识密集型服务业增加值占GDP比重
9. 亿美元经济产出发明专利申请数
10. 万名研究人员发明专利授权数
三、企业创新
11. 三方专利数占世界比重
12. 企业研究与发展经费与增加值之比
13. 万名企业研究人员PCT专利申请数
14. 综合技术自主率
15. 企业研究人员占全部研究人员比重
四、创新绩效
16. 劳动生产率
17. 单位能源消耗的经济产出
18. 有效专利数量占世界比重
19. 高技术产业出口占制造业出口比重
20. 知识密集型产业增加值占世界比重
五、创新环境
21. 知识产权保护力度
22. 政府规章对企业负担影响
23. 宏观经济环境
24. 当地研究与培训专业服务状况
25. 反垄断政策效果
26. 企业创新项目获得风险资本支持的难易程度
27. 员工收入与效率挂钩程度
28. 产业集群发展状况
29. 企业与大学研究与发展协作程度
30. 政府采购对技术创新影响

三、计算方法

国家创新指数的计算采用国际上通用的标杆分析法。标杆分析法的原理是：对被评价的对象给出一个基准值，并以此标准去衡量所有被评价的对象，从而发现彼此之间的差距，给出排序结果。

1. 二级指标数据处理

对40个国家的30个二级指标原始值分别进行指标的无量纲归一化处理。

无量纲化是为了消除多指标综合评价中，计量单位上的差异和指标数值的数量级、相对数形式的差别，解决指标的可综合性问题。

二级指标采用直线型无量纲化方法，即

$$y_{ij}=\frac{x_{ij}-\min x_{ij}}{\max x_{ij}-\min x_{ij}}$$

式中：$i=1\sim40$；$j=1\sim30$。

2. 一级指标计算

一级指标得分$\overline{Y}_{ik}$计算

$$Y_{ik}=\sum_{j=1}^{5}\beta_i \mathrm{y}_{i\,(j+5k-5)} \qquad Y_{i5}=\sum_{\theta=1}^{10}\beta_i \mathrm{y}_{i\theta}$$

$$\overline{Y}_{ik}=100\times Y_{ik}/\max(\overline{Y}_{ik,\,i=1\sim40})$$

式中：β_i为权重，$i=1\sim40$；$k=1\sim5$；$\theta=1\sim10$。

3. 国家创新指数计算

计算出国家创新指数 $\overline{Y}_i$，并据此给出40个国家的排序。

$$Y_i = \sum_{k=1}^{5} \omega_k \overline{Y}_{ik}$$

$$\overline{Y}_i = Y_i / \max(Y_{i\ ,\ i=1\sim40})$$

式中：ω_k为权重，$k=1\sim5$；$i=1\sim40$。

4. 中国创新指数的增长计算方法

以2005年为基年，测算指数增速的方法为：以2005年指标得分为100，分别计算以后各年的创新指数与一级指标得分，与基年比较即可看出创新指数增长情况。

（1）一级指标计算

计算出一级指标得分 $\overline{Y}_{ik}$

$$y_{ij} = 100 X_{ij} / X_{1j}$$

式中：$j=1\sim30$为指标序号；$i=1\sim10$为2005—2014年编号。

$$\overline{Y}_{ik} = \sum_{j=1}^{5} \beta_i \mathrm{y}_{i\,(j+5k-5)}$$

$$\overline{Y}_{i5} = \sum_{\theta=1}^{10} \beta_i \mathrm{y}_{i\theta}$$

式中：β_i为权重，$i=1\sim10$；$k=1\sim5$；$\theta=1\sim10$。

（2）国家创新能力增长指数计算

计算出国家创新指数 $\overline{Y}_i$，并据此得出历年指数值。

$$\overline{Y}_i = \sum_{k=1}^{5} \omega_k \overline{Y}_{ik}$$

式中：ω_k为权重，$k=1\sim5$；$i=1\sim10$。

附录

附录一 指数测度值与排序图

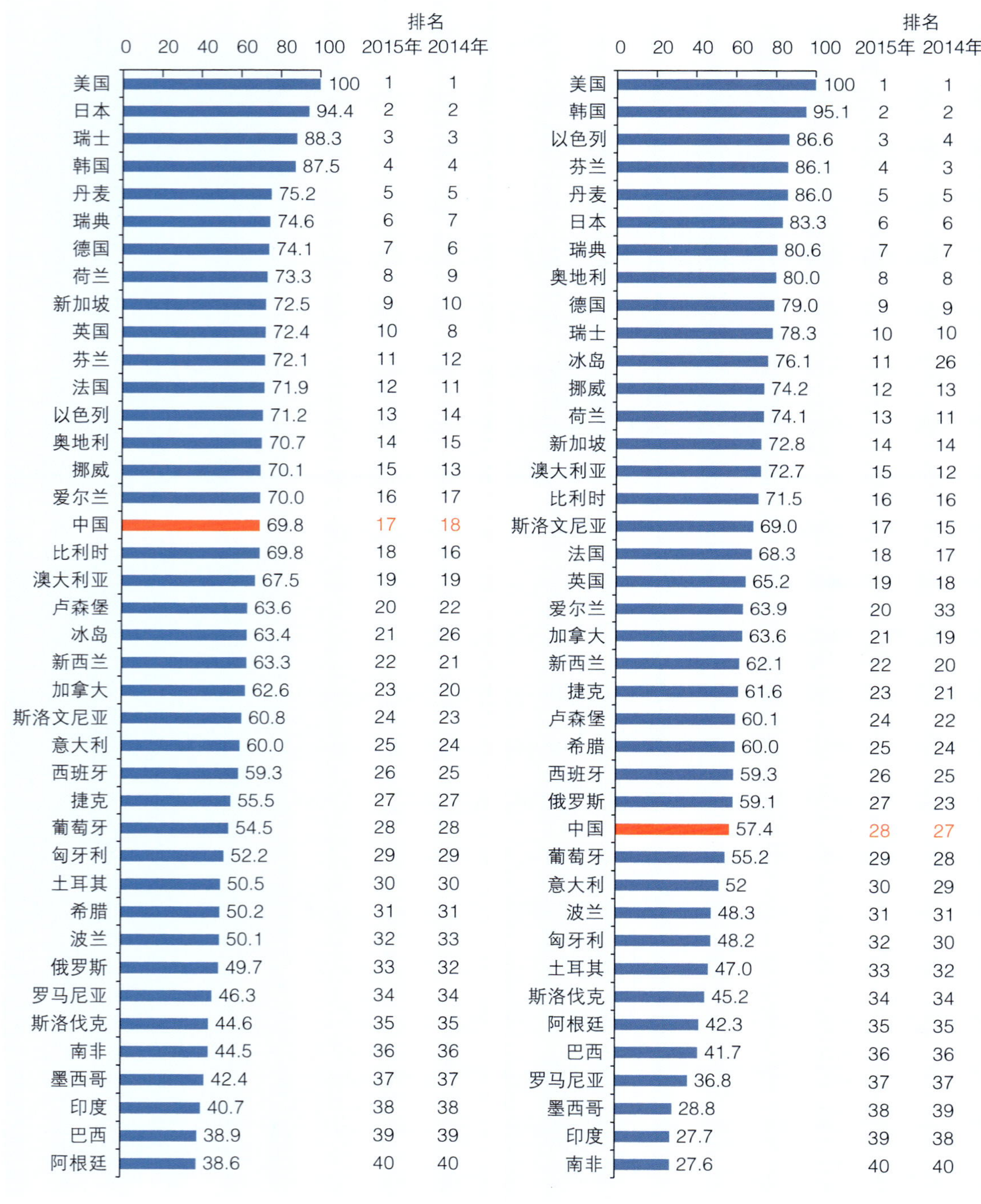

附图1 国家创新指数　　　　附图2 创新资源

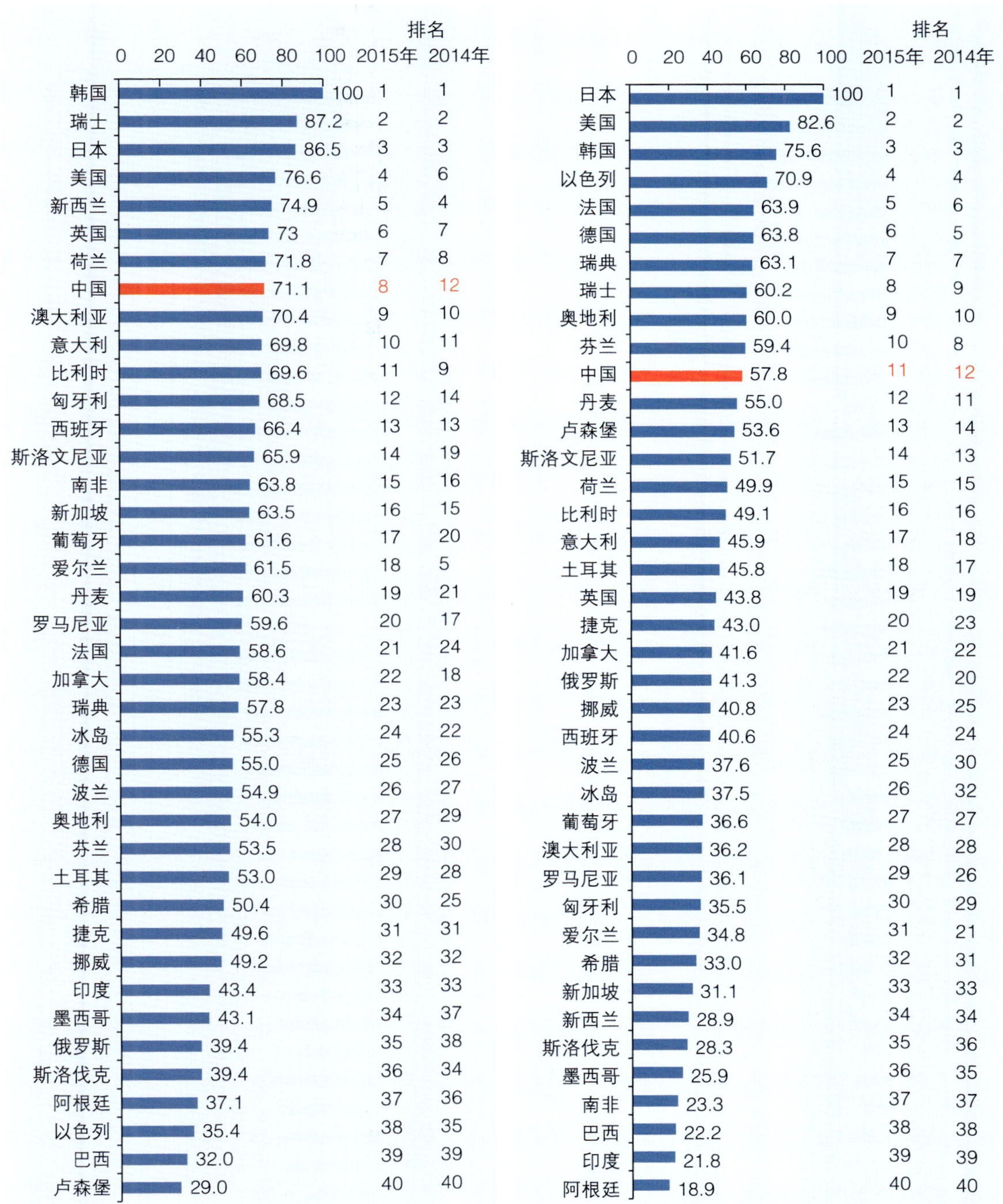

附图3　知识创造　　附图4　企业创新

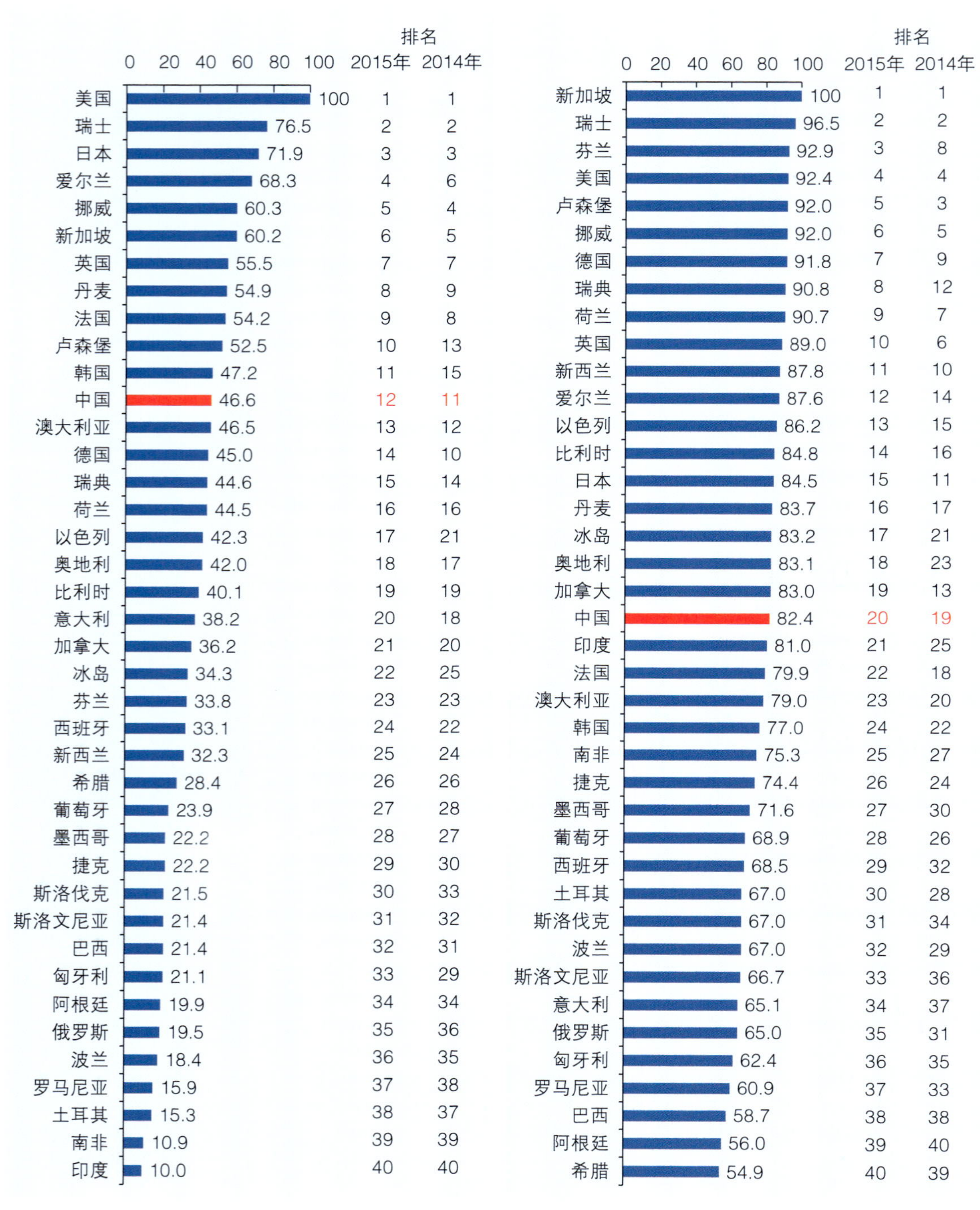

附图5　创新绩效　　　　附图6　创新环境

附录二　指标解释

1. 研究与发展经费投入强度

研究与发展（R&D）经费总额与国内生产总值（GDP）的比值，反映一国创新资金投入强度。

2. 研究与发展人力投入强度

每万人口中R&D人员数，反映一国创新人力资源投入强度。

3. 科技人力资源培养水平

采用高等教育毛入学率即18～22岁学龄人口中接受高等教育的比重，反映一个国家科技人力资源的培养与供给能力。

4. 信息化发展水平

采用世界经济论坛发布的网络就绪指数（NRI），反映一个国家在知识创造与传播扩散方面的基础设施投入能力。

5. 研究与发展经费占世界比重

一国R&D经费总额（GERD）占全世界总量的比重，反映一个国家R&D活动的规模大小和创新资源投入能力。

6. 学术部门百万研究与发展经费科学论文被引次数

SCI收录的一国高校和研究机构科学论文的引证数（5年累计值）与R&D经费总额的比值，反映一国科技投入产出效率和知识产出质量。

7. 万名研究人员科技论文数

一国被SCI收录的科技论文总数除以其研究人员总量得到的比值，反映科学研究的产出效率。

8. 知识密集型服务业增加值占GDP的比重

服务业中信息传输、软件和信息技术服务业，金融业，租赁和商务服务业，科学研究和技术服务业等行业的增加值占GDP的比重，反映一国的知识密集型服务业发展水平，用来测度一国经济产出中的知识含量和产业结构升级水平。

9. 亿美元经济产出发明专利申请数

一国发明专利申请数量除以GDP（以汇率折算的亿美元为单位），反映一国的技术创造活力。

10. 万名研究人员的发明专利授权数

按万名R&D研究人员平均的国内发明专利授权量，反映一个国家自主创新能力和技术产出效率。

11. 三方专利总量占世界比重

一国在全球三方专利总量中所占比重。三方专利指在欧洲专利局（EPO）和日本特许厅（JPO）及美国专利商标局（USPTO）都提出了申请的同一项发明专利。该指标用来衡量国家技术创新能力和国际竞争力。

12. 企业研究与发展经费与增加值之比

一国企业部门研究与发展经费与工业增加值的比值，用来测度企业创新投入强度。

13. 万名企业研究人员PCT专利申请数

一年内PCT专利申请总量与企业研发人员中研究人员之比，主要反映一国企业创新投入的效率和创新产出的质量及其技术国际竞争力。

14. 综合技术自主率

100×R&D经费/（R&D经费+技术引进费用）与100×国内发明专利授权数/（国内发明专利授权数+国外发明专利授权数）的平均值，反映了国家产业技术自给能力。

15. 企业研究人员占全部研究人员比重

一国全部R&D研究人员中企业研究人员所占的比例，反映一国企业研发人力投入的能力和水平。

16. 劳动生产率

国内生产总值与劳动力人口之比，反映创新活动对经济产出能力的作用。

17. 单位能源消耗的经济产出

每千克标准油能源消耗的GDP产出，用来测度技术创新带来的能源消耗减少的效果，也反映一国经济增长的集约化水平。

18. 有效专利数量占世界比重

一国拥有发明专利数量占世界总量的比例。有效专利是指本国人所拥有的仍处于有效状态的发明专利数量。反映一国企业自主创新能力和市场竞争力。

19. 高技术产业出口占制造业出口比重

全部制造业出口中高技术产业出口所占比例，反映一国高技术产品国际竞争力和技术创新活动对改善经济结构的作用。

20. 知识密集型产业增加值占世界比重

即高技术产业（制造业）与知识密集型服务业的增加值之和占全世界总量的比重，反映一国企业应用创新成果所形成的产业规模大小与技术水平。

21. 知识产权保护力度

知识产权保护（1=弱和不受法律保护，7=强或得到法律保护）。

22. 政府规章对企业负担影响

政府发布的行政要求（准许、规定、报告）等给企业带来的负担（1=负担很重，7=没有负担）。

23. 宏观经济环境

由中央财政收支、储蓄率、通胀水平、存贷率差、政府债务状况和主权债务评级等指标构成的综合反映宏观经济环境稳定性的指数（1=宏观经济环境动荡，7=宏观经济环境稳定）。

24. 当地研究与培训专业服务状况

专业研究和培训服务（1=不可获得，7=可以从本地的世界级机构中获得）。

25. 反垄断政策效果

反垄断政策（1=不能有效促进竞争，7=能够有效促进竞争）。

26. 企业创新项目获得风险资本支持的难易程度

企业有风险的创新项目一般可以得到风险投资（1=错，7=对）。

27. 员工收入与效率挂钩程度

员工收入（1=与员工生产率无关，7=与员工生产率强烈相关）。

28. 产业集群发展状况

国内各地都有发展良好的产业集群（1=强烈反对，7=强烈赞成）。

29. 企业与大学研究与发展协作程度

企业与本地大学的研究与发展合作（1=很少或没有，7=广泛）。

30. 政府采购对技术创新影响

政府采购高技术产品的决定（1=仅仅依赖价格，7=依据技术性能和创新性）。

附录三　数据来源

[1] 世界银行.《世界发展指标2017》。

[2] 经济合作与发展组织.《主要科技指标2016-2》。

[3] 世界知识产权组织.《专利统计数据》。

[4] 世界经济论坛.《全球竞争力报告2016-2017》。

[5] 美国国家科学基金会.《科学与工程指标2016》。

[6] 汤森路透.《SCI期刊文献检索数据库》。

[7] 中国科学技术信息研究所.《中国科技论文统计与分析》。

[8] 中国科学院文献情报中心。

[9] 国家统计局.《中国统计年鉴2016》。

[10] 国家统计局、科学技术部.《中国科技统计年鉴2016》。

[11] 国家统计局.《国民经济和社会发展统计公报》。

[12] 国家知识产权局.《专利统计年报》。

[13] 中国科学技术协会中国科普研究所。

[14] 科学技术部火炬高技术产业开发中心。

[15] 科学技术部相关驻外机构。